LES PÉCHERESSES.

# PIVOINE

par

**XAVIER DE MONTÉPIN.**

2

PARIS
ALEXANDRE CADOT, EDITEUR,
32, RUE DU LA HARPE.

1849

# PIVOINE.

— Corbeil, imprimerie de Crété. —

LES PÉCHERESSES.

# PIVOINE

PAR

XAVIER DE MONTÉPIN.

2

PARIS
ALEXANDRE CADOT, EDITEUR,
22, RUE DE LA HARPE.

1849

# TROISIÈME PARTIE.

## LA VIE D'ARTISTE.

*(Suite).*

## CHAPITRE XVIII.

### Une vocation malheureuse.

Le magasin devant lequel s'arrêta la voiture n'offrait guère que le modeste aspect d'un cabinet de lecture.

Arsène entra, croyant se tromper, et apprit non sans surprise qu'il se trouvait bien réellement en présence d'un éditeur célèbre.

— Qu'y a-t-il pour votre service, monsieur? — lui demanda ce dernier.

— Je viens vous proposer une affaire...

— Fort bien...

— Une excellente affaire...

— C'est comme cela que je les aime, — de quoi s'agit-il, je vous prie?

— De la publication d'un roman?

— Ah! ah! — et de quel auteur?

— De moi, — répondit le jeune homme en faisant un écart de poitrine.

— Oserais-je vous demander votre nom, monsieur?

Arsène se nomma.

Une moue caractéristique vint se dessiner sur les lèvres de l'éditeur.

Le Rouennais n'y prit pas garde, occupé qu'il était à dénouer les cordons de son manuscrit.

Il fut interrompu dans ce travail par une main qui lui touchait légèrement l'épaule.

— Hein? — demanda-t-il en se retournant.

— Ne vous donnez pas la peine de défaire ce paquet... lui répondit l'éditeur avec un sourire.

— Pourquoi donc?

— Il m'est impossible de publier votre livre.

— Impossible... !

— Complétement.

— Mais, monsieur, c'est un roman inédit et des plus curieux.

— Je n'en doute pas.

— Le titre est parfait : *Les Trois Pendus*, — rien que cela excitera la curiosité...

— Sans contredit.

— Et la table des chapitres seule donnerait envie de lire l'ouvrage, voyez plutôt.

Arsène saisissant alors une feuille volante, la mit, bon gré, malgré, sous les yeux de l'éditeur résigné.

Voici ce qui était écrit sur cette feuille :

« Première partie : *Le tombeau vide.*

« Chap. 1. — *L'œil crevé.*

« Chap. 2. — *Le cœur troué.*

« Chap. 3. — *La corde et le couteau.*

« Chap. 4. — *La nuit des quatre meurtres.*

« Chap. 5. — *Le brigand sans pieds.*

« Chap. 6. — *La torche sanglante.*

« Deuxième partie : *L'agonie et l'amour.*

« Chap. 1. — *La fille du pendu.* . . . . . .

. . . . . . . . . . . . . . . . . . . . . . . .

. . . . . . . . . . . . . . . . . . . . . . . .

Ces titres coquets remplissaient à peine un huitième de la page.

L'éditeur sembla parcourir rapidement le reste et tendit le feuillet à Arsène en lui disant :

— Voilà qui est beau.

— Ça vous décide ?

— A quoi faire ?

— A publier ?

— Non pas !

— Mais au moins vous allez conserver mon manuscrit et le lire ?

— Je m'en garderais bien !!

— Pourquoi ?

— Parce que cela tout en ne changeant rien à ma détermination, me donnerait un regret de plus...

— Lequel ?

— Celui de ne pouvoir être le parrain d'une œuvre aussi remarquable, — mais soyez convaincu, monsieur, que tous mes confrères, en cela plus heureux que moi, s'empresseront d'accueillir et de publier vos *Trois-Pendus*.

— Vous regretterez d'avoir manqué cette affaire ? — dit Arsène en reficelant son manuscrit.

— Je le sais bien, — répondit l'éditeur, — mais que voulez-vous? on ne fait pas tout ce qu'on veut!!

Dans cette même journée le jeune Bâchu s'en alla frapper à cinq ou six portes différentes. — Toutes furent inhospitalières.

Il ne lui restait plus à visiter qu'un seul éditeur, le plus barbu de tous, — il voulut, quoique singulièrement démoralisé, tenter la fortune jusqu'au bout, et se fit conduire à la rue des Beaux-Arts.

L'éditeur barbu l'écouta sans mot dire et ne lui répondit que ceci :

— Laissez-moi la *copie*, je ferai un petit travail sur le manuscrit et dans huit jours je vous dirai à quelles conditions je puis publier.

Arsène sortit le cœur gonflé de joie :

— Enfin, — se dit-il à lui-même, — en voilà un qui va me lire et qui m'appréciera! — Les autres sont de vrais crétins.

La semaine écoulée, notre auteur regagna la rue des Beaux-Arts.

— Eh bien? — demanda-t-il.

— C'est fait, — répondit l'éditeur.

— Vous avez terminé?

— Sans doute... — Nous disons: Les *Trois Pendus*, n'est-ce pas?

— Oui.

— Roman en quatre volumes?

— Oui.

— In-octavo?

— Oui.

— Beau papier, et vingt *feuilles*, soit 320 pages au volume, caractères neufs de l'imprimerie de Crété, à Corbeil.

— Oui.

— Ça sera deux mille francs.

— Cela me paraît bien peu, — fit Arsène.

L'éditeur le regarda d'un air étonné et répondit :

— Le fait est que j'ai calculé tout au plus bas, mais nous augmenterons si vous voulez.

— A vous parler franchement j'en serais fort aise.

— Alors, mettons quatre cents francs de plus.

— Soit.

— Très-bien. — Je n'ai pas besoin de vous dire que nous traitons au comptant.

— C'est entendu.

— Quand désirez-vous que je mette sous presse !

— Mais... le plus tôt possible.

— Demain si vous voulez ?

— Va pour demain...

— Je vais préparer le petit reçu.

— A votre aise, quoique cela ne presse nullement.

— Je vous demande pardon, les affaires sont les affaires, on ne sait ni qui vit ni qui meurt !

— C'est très-juste !

L'éditeur s'assit à son bureau et, tandis qu'il écrivait, Arsène tira son portefeuille et l'ouvrit pour y serrer les billets de banque.

— Voilà, — fit le libraire en présentant un papier au jeune homme qui le parcourut et se mit à rire.

— Qu'y a-t-il? demanda l'industriel. — Me serais-je trompé?

— Mais oui.

— Où donc?

— Ici. — C'est fort comique, vous avez mis un nom pour un autre.

— Comment cela?

— Voyez! Je lis: *reçu de M. Arsène Bâchu, la somme de deux mille quatre cents francs...*

— Eh bien?

— Eh bien ! j'ai à vous signer un reçu de cent louis, et vous écrivez que c'est moi qui vous les donne...

L'éditeur barbu se laissa tomber dans un fauteuil en riant à son tour à gorge déployée.

Arsène, la bouche béante, le regardait et ne comprenait point.

— Ainsi, — demanda le libraire, quand son accès d'hilarité se fut un peu calmé, — ainsi vous avez cru que j'achetais votre roman?

— Ne me l'avez-vous pas dit? — demanda le jeune homme complétement déconcerté:

— Je vous ai dit que je publierais moyennant *deux mille francs,* mais c'est moi qui dois les toucher, mon cher monsieur !

— Indignité! s'écria Arsène, — où en sommes-nous donc grand Dieu?

— Et encore, — ajouta l'éditeur, — avec une *indemnité* aussi minime, je risque fort de ne pas faire mes frais. — Un livre d'un inconnu, qui est-ce qui en veut?

Ce fut le dernier coup. — Arsène s'enfuit exaspéré.

Mais il revint au bout de vingt-quatre heures ayant réfléchi qu'il allait établir un compte courant avec la renommée, et que les deux mille francs en question n'étaient après tout qu'une avance, dans laquelle il rentrerait bientôt, et au centuple.

Il paya donc et on l'imprima.

Le jour de la mise en vente fut un grand jour pour lui. — Dès le matin il courut

Paris afin de juger du bon effet produit par *son affiche* sur les vitraux des cabinets de lecture.

Hélas! — l'affiche ne parut nulle part.

Arsène but le calice jusqu'à la lie, il fit acheter sous main *cent cinquante* exemplaires et les envoya *franc de port* aux cent cinquante principaux cabinets littéraires.

Puis il se lia avec plusieurs jeunes rédacteurs de journaux lettrés et galants tels que: *le Papillon bleu*, — *le Miroir des jolies femmes*, — *l'Adonis*, — *le Gentleman*, etc... il en obtint des articles louangeurs qui le ravirent d'aise et qu'il courut montrer à son éditeur en lui demandant comment allait la vente.

— Pas trop mal, répondit le libraire — j'ai déjà vendu cent cinquante.....

Arsène se mordit les lèvres. — Le pauvre garçon connaissait l'acheteur.

———

A partir de cette époque néfaste, et pendant deux années environ, le jeune Bâchu sut mettre un frein, sinon à sa manie littéraire, du moins à sa fécondité.

Il n'écrivit guère, mais il discuta beaucoup.

Une grande partie de sa vie se passa au café Tabourey, au milieu d'un cénacle qu'il entretenait de choppes et de cigares, critiquant, controversant, analysant, etc... etc...

Le reste de son temps fut consacré aux hommes de lettres, plus ou moins inédits, de sa société intime ; — de plus il donna des soirées auxquelles assistait une collection de faiseurs de sonnets, d'artistes fantaisistes, et d'étudiants en droit, dont il faisait la connaissance au café, ou à l'Odéon.

Bref, Arsène devint une sorte de personnage que quelques-uns prônaient, dont beaucoup se moquaient, et que tout le monde connaissait au quartier Latin.

Malgré ses déceptions nombreuses, il était fort heureux et menait une existence confortable, en n'écornant que le moins possible sa petite fortune.

## CHAPITRE XIX.

### Une transaction littéraire.

Un soir qu'Arsène dégustait au café Procope une limonade et quelques journaux, un jeune homme qui venait d'entrer s'assit à côté de lui, et se fit servir une demi-tasse de café sans crème. — La mise de ce jeune homme était mesquine, presque misérable.

Sa redingote montrait la corde, son pantalon s'effrangeait par en bas, ses bottes s'éculaient d'une façon lamentable, et son chapeau *rougissait* de sa trop grande vétusté.

L'exécrable jeu de mots que nous venons de nous permettre trouve son excuse dans ces deux vers d'un grand tragique :

Voyez-vous ce poignard qui du sang de son maître
S'est souillé lâchement ! Il en *rougit* le traître !!!

Le nouveau venu portait sous son bras gauche un petit rouleau de papiers, revêtu d'une couverture bleue.

Il posa ce rouleau sur la table, sucra son café et se pencha vers Arsène à qui il dit :

— Après vous le *Corsaire* et le *Charivari*, je vous prie.

Arsène tressaillit au son de cette voix, il leva les yeux, et regarda son voisin en s'écriant :

— Ah! bah!

— Qu'y a-t-il? — demanda le jeune homme, — est-ce que vous me connaissez?

— Parbleu!

— Ne vous trompez-vous point?

— Non fichtre! tu es Gilbert, n'est-ce pas?

— Oui, et vous!

— Moi, je suis Bâchu... Arsène Bâchu... ton camarade de classe au collége de Rouen...

— Tiens! tiens! tiens! — comme on se retrouve!!

Les deux anciens condisciples échangèrent une fraternelle accolade, puis Arsène entama la conversation en disant:

— Eh bien, mon pauvre garçon, que fais-tu à Paris?

— Ma foi, mon cher, pas grand'chose de bon.

— Mais encore?

— Je m'occupe de littérature.

— Ah! tu t'occupes de littérature, — dit Arsène à qui ce mot faisait dresser l'oreille comme le clairon à un cheval de bataille, — et quel est ton genre?

— Le théâtre.

— Tu exécutes des vaudevilles?

— Oui.

— Et on te joue?

— Peu, et mal.

— Où cela?

— Aux *Délassements comiques*, à Beaumarchais et à Bobino.

— Mais pourquoi ne fais-tu pas recevoir tes pièces dans les grands théâtres, au *Vaudeville* par exemple, ou aux *Variétés* ?

— Cette bêtise ! que ne me demandes-tu de même pourquoi je n'ai pas vingt-cinq mille livres de rentes ! — Je les présente bien, mes pièces, mais on les refuse.

Arsène soupira.

Il se souvenait de ses tribulations passées, et il sentait renaître, tout d'un coup, ses ardentes aspirations vers la célébrité.

Gilbert lui semblait un grand homme. — On jouait ses vaudevilles, — à Bobino, c'est vrai, mais enfin on les jouait, et on le payait pour ça !...

L'auteur des *Trois Pendus* repoussa de tout son pouvoir les velléités jalouses qui venaient l'assaillir, et il reprit en désignant le rouleau couvert de papier bleu :

— Est-ce que c'est une pièce, ceci?

— Oui, — un vaudeville en trois actes que je viens d'aller chercher chez le copiste.

— Me permets-tu de regarder?

— Certainement.

Arsène déroula le manuscrit et prononça tout haut ce titre :

— *Madelinette.....*

— *Ou la grisette du Quartier-Latin,* — acheva Gilbert.

Arsène parcourut rapidement le premier acte et dit en tournant les pages :

— Mais sais-tu que ça me paraît très-gentil!!!

— Je le crois bien que c'est gentil ! ah ! si c'était signé *Dumanoir et Clairville*, le Palais-Royal en ferait ses choux gras !!

— Je demeure près d'ici, — continua Arsène, — veux-tu venir jusque chez-moi, nous causerons, — j'ai quelque chose à te proposer.

— Je suis à ta disposition.

Et les anciens camarades quittèrent ensemble le café Procope.

Gilbert fut émerveillé du somptueux mobilier de son condisciple, et se dit, *in petto*, qu'il faudrait faire jouer bien des *actes* avant de pouvoir s'en donner un pareil.

— Voyons — dit le jeune Bâchu, en présentant à son hôte une pipe turque toute bourrée de *Latakié*, — voyons, causons un peu.

— Très-volontiers.

— Tu as là une pièce toute neuve ?

— Qui n'a jamais servi, ni à moi, ni à personne.

— Quand l'as-tu terminée ?

— Il y a huit jours.

— Et tu ne l'as par conséquent présentée à aucun directeur ?

— Elle sort de chez le copiste, je te l'ai dit tout à l'heure.

— Fort bien.

— Mais pourquoi toutes ces questions ?

— Tu vas voir. — Combien supposes-tu que cette pièce doive te rapporter ?

— Je serai content si cela va à deux cents francs.

— Si on t'en offrait cinq cents, la vendrais-tu ?

— Avec bonheur.

— Ainsi tu consentirais à ce qu'elle fût jouée sous le nom d'un autre ?

— Le mieux du monde.

— Et tu garderais le secret à l'acheteur ?

— Religieusement.

— Alors tope là, c'est une affaire faite, — voici un billet de banque, — à moi *Madelinette !*

— Comment, ce n'est pas une plaisanterie ?

— Du tout... à moins que tu ne te dédises.

— Dieu m'en préserve... j'accepte plus que jamais...

Et Gilbert, stupéfait de la fortune inespérée qui lui tombait ainsi du ciel, regardait, ou plutôt dévorait du regard le soyeux chiffon signé *Garat*, que venait de lui remettre Arsène.

— Ainsi, — reprit ce dernier, — il est bien convenu que ton vaudeville m'appartient en toute propriété, et que tu ne parleras à qui que ce soit du marché conclu entre nous...

— Sois tranquille, et si plus tard il te fallait d'autres pièces, drame ou comédie, voire même tragédie en cinq actes et en vers, je suis ton homme, pense à moi.

— Nous verrons.

— Maintenant je te quitte, je vais acheter des bottes.

— Au revoir, mon bon. — Je t'enverrai un billet pour la première représentation.

Arsène resté seul acheva la lecture de *son œuvre*, dont il fut enchanté.

Dès le lendemain il se mettait en courses pour en opérer le placement.

Mais s'il est une carrière dont les abords soient hérissés de ronces et d'épines, sans contredit c'est celle du théâtre, et le jeune Bâchu s'en aperçut bien vite.

Il n'entre point dans le plan de ce livre de nous étendre sur les mésaventures du quasi-auteur dramatique, — (nous trouverons ailleurs l'occasion de raconter avec détail la curieuse histoire des *Caravanes d'un vaudeville*), pour aujourd'hui, qu'il nous suffise de dire qu'après trois mois d'allées, de venues, de corvées et de démarches incessantes, après avoir fait antichambre chez les portiers de tous les théâtres, et courtisé les secrétaires de toutes les administrations, Arsène se trouva n'avoir plus, pour suprême espoir et dernière ressource, que le théâtre du Luxembourg (Bobino), le seul qui n'eût point encore refusé *Madelinette*.

Rendu prudent par les déceptions, il voulut étayer solidement cette frêle planche de salut avant d'y poser le pied.

Pour cela faire il déploya une diplomatie consommée et une rouerie transcendante.

D'abord il enferma, pour un temps, son manuscrit sous les triples serrures de son secrétaire façon Louis XV.

Ensuite il trouva moyen de faire connaissance avec le directeur de Bobino, puis de s'introduire peu à peu dans son intimité.

Il l'invita souvent à déjeuner, — il fit sa partie de piquet, — il lui vanta ses acteurs, — ses actrices, — ses auteurs, — ses talents administratifs, etc., etc... Il lui offrit un exemplaire des *Trois Pendus* superbement relié, et enfin, un beau jour, — après un dîner fin, — il lui avoua d'un air désintéressé et modeste qu'il avait commis un vaudeville, — lequel était un petit chef-d'œuvre.

— Il faudra voir cela, — lui fut-il répondu.

Arsène saisit la balle au bond — prévoyant le cas, il avait *Madelinette* dans sa poche et la lut séance tenante.

La pièce écoutée avec bienveillance fut

reçue sans conteste, et le directeur promit de la mettre à l'étude très-prochainement.

———

Ce même soir, Arsène promenait sa joie exubérante sous les grands arbres du Luxembourg, quand il vit passer une jeune femme, si jolie et si gracieuse, qu'il s'interrompit au milieu de ses rêves de gloire et de bravos pour la regarder, l'admirer et la suivre.

Cette jeune femme n'était pas seule, — elle donnait le bras à un grand garçon fort élégant et qu'Arsène connaissait de vue.

La jolie fille et son cavalier s'engageaient dans l'avenue de l'Observatoire, sans doute pour gagner le boulevard Montparnasse et le bal de la Chaumière.

Ils allaient atteindre la grille du jardin, lorsqu'ils furent croisés par un étudiant qui leur fit de la tête un petit signe amical et continua d'avancer dans la direction d'Arsène.

Ce dernier l'arrêta et lui tendit la main en disant :

— Bonjour, Margueret.

— Bonjour, mon cher, comment ça va?

— Bien, merci. — Qui donc venez-vous de saluer?

— Mon ami Virgile.

— Un étudiant?

— Oui.

— Avec qui était-il ?

— Avec Pivoine.

— Sa maîtresse ?

— Sans doute... Comment ne connaissez-vous pas Pivoine, la plus belle fille des écoles ? — Vous qui écrivez, vous pourriez faire un roman avec son histoire.

— Vraiment ?

— Oui, ma foi... Voulez-vous que je vous mène chez Virgile avec qui elle demeure ?

— Très-volontiers.

— Eh bien, demain vendredi, je vous prendrai chez vous à huit heures, — tous les vendredis on fait un punch monstre chez

Virgile, — vous voyez que ça se trouve à merveille.

— A demain, donc.

— C'est convenu.

## CHAPITRE XX.

#### Une débâcle.

Virgile, pour se mettre *en ménage* avec Pivoine, avait quitté la chambre qu'il occupait précédemment et pris, au premier étage du même hôtel, deux pièces assez vastes, dont, au moyen d'une porte de communication, on avait fait une espèce d'appartement.

Ceci avait doublé son loyer, mais cette légère augmentation de dépense n'était qu'une goutte d'eau dans la mer.

Il semblait en effet que sa liaison nouvelle lui eût attaché un bandeau sur les yeux, tant il se plaisait à accumuler folies sur folies, extravagances sur extravagances.

Ses deux cents francs de pension mensuelle disparaissaient en trois ou quatre jours, et, pour subvenir à tous les autres frais d'une existence dispendieuse, il se jetait tête baissée dans le gouffre de la dette.

Ses matinées entières étaient employées à chercher de l'argent. — D'officieux et dangereux camarades l'avaient mis en rapport avec quelques-uns de ces courtiers d'usure, abominable engeance que la loi devrait atteindre autant et plus sévèrement, selon nous, que les voleurs de profession, car les uns ne prennent que la bourse et les autres ruinent l'avenir.

Il acceptait de toutes mains. — Il avait sans cesse du papier timbré dans ses poches, et il signait des lettres de change partout où s'en présentait l'occasion, sans même songer que l'échéance arriverait, rapide et menaçante.

La beauté merveilleuse de Pivoine flattait sa vanité au moins autant que son amour, et la jeune fille était pour lui comme une pierre précieuse qu'il voulait monter avec luxe afin d'en mieux faire admirer et envier l'éclat.

Aussi c'étaient chaque jour des toilettes nouvelles, — des robes, — des chapeaux, — des écharpes, et tous les accessoires si ruineux de l'équipement d'une jolie femme.

Quelques fournisseurs, sachant que Virgile appartenait à une famille aisée, livraient volontiers leurs marchandises sans demander d'argent, se promettent bien de faire payer les intérêts de leur obligeance, en gonflant les mémoires outre mesure quand viendrait le quart d'heure de Rabelais.

Avons-nous besoin d'ajouter que l'étudiant ne mettait plus les pieds ni à l'école de droit, ni chez les amis de son père. — Il était tout entier à son amour, et surtout à cette vie dissipée qui l'emprisonnait dans un tourbillon enivrant.

Pivoine, devenue bien vite *femme galante*, sinon par la conduite, au moins par les sentiments et par la façon d'envisager la vie, applaudissait à ces profusions insensées et ne faisait rien pour arrêter son amant sur le bord de l'abîme.

Cela dura trois mois environ.

Puis, peu à peu, les créanciers se lassèrent d'attendre et devinrent impérieux. Les lettres de change se présentèrent et ne furent point payées, les huissiers prirent le chemin du logis de Virgile, escortés de *protêts, d'assignations, de jugements,* enfin de tout le grimoire enfin, d'usage en pareil cas.

L'argent devint de plus en plus rare, et l'étudiant, malgré ses efforts pour s'étourdir, se vit en proie par moments à des préoccupations peu réjouissantes.

Pivoine s'aperçut de ces inquiétudes et de ces soucis, et au lieu de plaindre Virgile elle le trouva maussade.

Il essaya de lui parler raison, — elle l'interrompit en chantant.

Il voulut se fâcher, — elle lui rit au nez.

Le pauvre garçon sentit alors combien était lourde la chaîne qu'il s'était donnée, mais il manquait de courage pour une rupture, et d'ailleurs, de même que pendant longtemps il avait aimé sa maîtresse par orgueil, de même il était, par amour propre, jaloux de l'avenir, et s'indignait de la pensée que quelqu'un lui succéderait dans les bonnes grâces de la plus belle créature du quartier latin.

Aussi cachait-il soigneusement à tous les yeux les germes de discorde qui croissaient sourdement dans son *ménage*. — Jamais, vis-à-vis des étrangers et des camarades, il n'avait semblé plus joyeux ni plus insouciant, et il continuait à dissiper ses derniers napoléons en de gais soupers et en de folles parties de plaisir.

Voilà où en étaient les choses au moment où Margueret se fit l'introducteur d'Arsène Bâchu chez Virgile.

Ce soir-là Pivoine était ravissante.

Dans la brillante couronne de ses beaux cheveux noirs elle avait piqué une rose épanouie qui, se penchant coquettement vers l'oreille droite, donnait à la jeune fille quelque chose du gracieux aspect des *Manolas* de Séville ou de Grenade.

Une robe de soie, à larges raies roses et blanches, dessinait sa taille souple et voluptueuse, et son pied mignon se cambrait dans des bottines de satin.

Debout, au milieu d'un entourage de jeunes gens, elle riait aux éclats, aspirait de temps à autre la vapeur embaumée d'un cigare de la Havane, tout en avivant avec une longue cuillère d'argent les flammes bleuâtres d'un immense bol de punch.

Plus encore que la veille dans le jardin du Luxembourg Arsène fut ébloui de la beauté de la jeune femme, et comme il n'était point timide, comme il se croyait beaucoup d'esprit, et comme la haute opinion qu'il avait de lui-même augmentait encore son aplomb, — il lui fit part, en des termes fort vifs, de l'admiration qu'elle lui inspirait.

Pivoine le regarda d'un petit air railleur, — il lui déplut, — elle le trouva impertinent et ridicule, et lui tourna le dos.

Arsène ne se tint point pour battu et se promit de faire à la belle dédaigneuse une cour assidue.

Il revint en effet le lendemain, puis tous les jours, et jugeant que pour arriver à la maîtresse le meilleur moyen à employer était de s'emparer d'abord de l'amant, il se fit le compagnon inséparable de Virgile.

Avant d'avoir vécu pendant une semaine dans l'intimité de ce dernier, il s'était aperçu des embarras d'argent à chaque instant plus fréquents et plus insurmontables.

Il ouvrit, ou plutôt il *entr'ouvrit* sa bourse, et quelques centaines de francs assez adroitement offerts lui valurent le dévouement complet de l'étudiant, qui ne cessa de le prôner comme le modèle des amis passés, présents et à venir.

Pivoine elle-même le vit de moins mauvais œil et il ne lui sembla plus ni aussi sot, ni aussi laid.

Arsène profita de ce commencement de bienveillance pour gagner peu à peu la confiance de la jeune fille, en évitant de parler de ses sentiments tendres autrement que par de brûlantes œillades et des soupirs contenus.

Pivoine qui s'apercevait à merveille de ce manége, le trouvait comique et ne s'en fâchait point.

---

Cependant une catastrophe était imminente.

Le tonnerre qui depuis quelque temps grondait à l'horizon éclata tout à coup.

Un matin, Virgile et Pivoine, rentrés à une heure fort avancée de la nuit, dormaient tous deux profondément.

Antoine, le domestique que nous connaissons, entr'ouvrit brusquement la porte de la chambre à coucher en disant :

— Eh ! m'sieu...

— Quoi ? — Qu'y a-t-il ? — demanda Virgile éveillé en sursaut.

— Il y a qu'on vous demande.

— Qui donc ?

— Des hommes très-vilains, — ils sont cinq en bas, — il veulent vous parler à toute force, et ils se disputent avec madame qui soutient que vous êtes sorti.

— Ont-ils un fiacre avec eux ?

— Oui, m'sieu, devant la porte, avec un sixième homme dedans.

— Diable ! — fit l'étudiant, — je crois que je suis pincé, — écoute, Antoine...

— J'écoute, m'sieu.

— Descends vite, tâche de retenir ces individus en les empêchant de monter, ou en les conduisant à une autre chambre, — moi, je vais m'habiller et filer si je puis.

— Oui, m'sieu, je vas essayer.

Antoine fit deux pas pour sortir et Virgile s'élança hors de son lit, mais il n'avait pas eu le temps de mettre la main sur un pantalon que déjà une tête ignoble apparaissait dans l'entrebâillement de la porte laissée ouverte par le domestique, et qu'une voix avinée et narquoise demandait :

— Môsieu Virgile, s'il vous plaît ?

— Connais pas, — répondit ce dernier, — voyez plus haut.

Tandis qu'il parlait ainsi, tout en commençant à se vêtir, le visiteur intempestif était entré dans l'appartement, le chapeau sur la tête, et l'on entendait derrière lui les chuchotements de plusieurs personnes.

— Ah ça, monsieur, — s'écria l'étudiant qui tira rapidement les rideaux afin de cacher Pivoine demi-nue que commençait à épouvanter l'aspect sinistre de cet homme.
— Ah ça, monsieur, me direz-vous de quel droit vous vous introduisez ainsi dans mon domicile, à cette heure et sans ma permission ?

— Môsieu Virgile, s'il vous plaît ? — répéta le nouveau venu, au lieu de répondre à la question qui lui était adressée.

— Je vous ai déjà dit que je ne le connaissais pas.

— En êtes-vous bien sûr ? — riposta l'intrus d'un ton goguenard, — puis il se tourna vers la porte en ajoutant :

— Ici, Maluchard, ici !

A peine cet ordre était-il donné qu'un second personnage envahit l'appartement.

C'était un affreux petit bossu à figure de boule-dogue et à jambes cagneuses.

— Qu'est-ce que vous voulez, monsieur Lagriffe ? — demanda-t-il respectueusement.

Celui qu'on venait de nommer Lagriffe, désigna du doigt l'étudiant et ne prononça que ces trois mots interrogateurs :

— Ça l'est-il ?

— Ça l'est, — répondit Maluchard.

— Suffit, va-t'en attendre dehors avec les autres.

Le petit bossu sortit, et monsieur Lagriffe reprit, en s'adressant à Virgile dont la toilette était presque terminée :

— Vous êtes reconnu, mon maître, — on ne me *monte pas le coup*, à moi, voyez-vous ! — ainsi finissons-en...

— Enfin, — demanda l'étudiant, — en supposant même que je sois celui que vous croyez,— qui êtes-vous, vous, et que voulez-vous ?

—C'est juste, procédons régulièrement : moi Macaire Lagriffe, officier garde du commerce, je viens, comme porteur de pièces, vous réclamer *deux mille trois cent quarante-deux francs, soixante et quinze centimes* en vertu d'un jugement définitif obtenu au nom de mon client, le sieur Moïse Kirsh, négociant patenté de première classe sous le n° 3,224, demeurant à Paris, rue du Petit-Lion-Saint-Sauveur, n° 17, — de plus...

— Ça suffit, — interrompit Virgile.

— Vous avouez votre identité ?

— Oui.

— Pouvez-vous payer ?

— Non.

— Alors en route, — le juge de paix attend dans le fiacre.

— Je vais vous suivre, seulement laissez-moi seul pendant cinq minutes avec *ma femme* je vous prie.

Lagriffe jeta tout autour de la chambre un

coup d'œil défiant, puis, après s'être assuré qu'il n'y avait que deux issues, et qu'elles étaient surabondamment gardées par ses hommes, il sortit à reculons en disant :

— J'obtempère... mais ne me faites pas *poser*, au bout des cinq minutes je rentre.

Pivoine, jusqu'à ce moment, n'avait point parfaitement compris ; — Virgile lui donna l'explication des faits dont elle venait d'être témoin, et, disons-le à sa louange, la jeune fille ressentit une vive et sincère douleur en apprenant qu'on arrêtait son amant et qu'on allait le conduire en prison.

Elle fondit en larmes amères, elle éclata en sanglots immodérés, et se trouva presque mal au moment où Virgile fut contraint de suivre les alguazils, qui brûlaient d'en finir avec lui pour voler à d'autres captures.

Trois quarts d'heure après l'étudiant était à Clichy. —

Pivoine se conduisit à merveille, — pour la première fois elle se sentit reconnaissante de toutes les folies que Virgile avait faites pour elle, folies que payait chèrement la perte de sa liberté.

Ce jour même elle obtint à la préfecture de police son *permis de visite* et courut consoler le prisonnier, lequel prenait d'ailleurs très-philosophiquement son parti.

Arsène Bâchu frémit d'aise en apprenant les événements de cette matinée.

Pivoine, quand elle revint de *la Dette*, le trouva chez elle. — Il la plaignit affectueusement et il lui offrit ses services, services *d'ami*, dévoués et *désintéressés*.

La jeune fille accepta.

A partir de ce moment Bâchu fut le cavalier servant de Pivoine, il ne la quitta guère plus que son ombre, et sut tenir à distance l'escouade des galants qui voulaient papillonner autour d'elle, afin de profiter de son quasi-*veuvage*.

Presque chaque jour il la conduisait à Clichy, entrait avec elle afin de faire à Virgile une courte visite, et venait attendre la jeune fille à la sortie pour la ramener à l'hôtel.

Fidèle d'ailleurs à sa tactique, il évitait de parler d'amour, ce dont Pivoine lui savait un gré infini, car elle voulait bien de lui comme ami, mais elle ne pouvait songer sans rire à l'accepter pour amant; et puis l'idée de tromper Virgile, malheureux et prisonnier, révoltait ce qu'il y avait encore dans son cœur de sentiments délicats et généreux.

L'heure du berger approchait cependant pour Arsène.

## CHAPITRE XXI.

**Stratégie amoureuse.**

Virgile était à Clichy depuis trois semaines.

Un jour Pivoine, ayant quelques courses à faire de l'autre côté de l'eau, quitta de fort bonne heure la rue de la Harpe et sortit sans attendre Arsène qui l'accompagnait habituellement.

Il était midi quand elle arriva à la porte de la prison pour dettes.

Le gardien, préposé au second guichet et chargé de remettre aux visiteurs *les permis* de la préfecture de police, l'arrêta en lui disant :

— Il n'y est plus.

— Qui ? — demanda-t-elle, croyant à quelque erreur.

— Celui que vous venez voir.

— Monsieur Virgile ?

— Juste.

— C'est impossible !!

— Je ne sais pas si c'est impossible, mais je sais que cela est. — Du reste passez au greffe.

Pivoine se hâta de suivre ce conseil, et la nouvelle qu'elle venait d'apprendre lui fut confirmée, l'instant d'après, par le greffier lui-même.

A neuf heures du matin quelqu'un s'était présenté pour payer les sommes dues par l'étudiant, — la levée d'écrou et la mise en liberté avaient naturellement été immédiates.

La jeune fille demanda quelques explications, mais le greffier n'en savait pas plus long ou, ce qui revenait au même, ne voulait pas en dire davantage.

Force fut donc à Pivoine, que ce mystère intriguait au delà de toute expression, de quitter la prison pour dettes et de reprendre le chemin de la rue de la Harpe, où sans doute le mot de l'énigme lui serait révélé.

Antoine se dandinait lourdement devant la porte de l'hôtel. — A l'aspect de Pivoine, il porta la main à sa casquette d'un air embarrassé.

— Ma clef? — lui demanda la jeune fille.

Antoine ne répondit point et se dandina plus que jamais.

— Est-ce que vous ne m'avez pas entendu?

— *Si fait*, mamzelle.

— Eh bien?

— Je vas vous dire, c'est que votre clef...

— Après?

— Elle n'est plus là.

— Virgile est-il donc en haut? — s'écria la jeune fille.

— M'sieu Virgile! — répéta le domestique d'un air si stupéfait, que Pivoine comprit que son amant n'avait point paru à l'hôtel, et qu'Antoine ignorait complétement sa sortie de Clichy.

— Enfin, — reprit-elle avec impatience, — donnez-moi ma clef que je vous demande depuis cinq minutes.

— Je ne l'ai point, mamzelle.

— Où est-elle?

— Chez madame, qui l'a prise, et qui a dit comme ça que quand vous rentreriez on vous y fasse parler.

— C'est bien, j'y vais.

Et Pivoine, instinctivement émue, monta chez la maîtresse de l'hôtel.

Cette dernière, grande femme, sèche, revêche et minaudière, accueillit la jeune fille avec une inclination de tête à peine polie.

Mais Pivoine n'était plus la timide enfant que nous avons connue; aussi, voyant que son hôtesse ne l'engageait pas à s'asseoir, elle prit un fauteuil, s'y établit et entama la conversation en disant :

— Vous avez désiré me parler, madame ?

— Oui, mademoiselle.

— Que puis-je faire pour votre service ?

— Rien, mademoiselle, si ce n'est de vouloir bien me payer, et cela tout de suite, une somme de quatre cent trente francs qui m'est due...

— Qu'est-ce que vous dites ? — s'écria Pivoine en faisant un bond dans son fauteuil.

— Voici la note, — répondit la maîtresse de l'hôtel, qui présenta une immense feuille de papier couverte d'écriture et de chiffres. —Mademoiselle peut vérifier.

— Mais c'est le compte de Virgile...

— Précisément.

— Et cela, par conséquent, ne me regarde en rien.

— Mille pardons, mademoiselle.

— Comment l'entendez-vous, madame?

— Je vais vous l'expliquer. — Ce matin, j'ai reçu la visite du père de monsieur Virgile; il était instruit de la jolie conduite de son fils, il le savait à Clichy, et il m'a demandé le chiffre de ce qui m'était dû, —

chiffre qu'il a trouvé exorbitant, je dois le dire. — Je lui ai répondu en lui montrant mes livres, et en lui prouvant que depuis trois mois je n'avais pas reçu un sou...

— Tant pis pour vous, — m'a-t-il répliqué. — Il ne fallait pas faire crédit à ce mauvais sujet que je vais tirer de prison et qui quittera Paris dans deux heures avec moi, — quant à vous, madame, — puisque vous avez fait la folie de laisser mon fils vivre chez vous avec une *fille*...

— Une *fille*!!! — interrompit vivement Pivoine, pourpre de honte et de colère, — Je vous engage à mieux choisir vos termes, madame!...

— Je ne fais que répéter les propres expressions du père de votre amant, mademoiselle, je ne les choisis pas — Il a terminé en me donnant sa parole d'honneur qu'il ne me payerait ni maintenant ni jamais, et en me disant de m'arranger avec vous ainsi que je l'entendrais. — Or, vous êtes portée sur mes registres comme habitant avec monsieur Virgile, vos effets me répondent de mon loyer et de mes avances, payez-moi, ou je vous renvoie.

— Mon Dieu, madame, — s'écria la jeune fille, — est-ce bien possible, et comptez-vous réellement faire ce que vous dites?...

— Oui, mademoiselle, j'ai besoin de mon argent, et d'ailleurs je n'aime pas les femmes qui *détournent* comme ça les jeunes gens de famille!

La digne hôtesse n'avait pas toujours été aussi sévère, mais on connaît l'adage : *autres temps, autres mœurs.*

— Voyons, — reprit-elle, pouvez-vous me payer ?

— Je n'ai pas d'argent, — répondit Pivoine en balbutiant.

— J'en suis fâchée, mais je garde votre clef et tout ce qui est dans la chambre, je ferai estimer et vendre vos robes par un commissaire-priseur, et le *boni*, s'il y en a, vous sera remis fidèlement. — Bonjour, mademoiselle, vous pouvez chercher un logement ailleurs.

— C'est une infamie ! — murmura la jeune fille.

— Si vous voulez plaider, — fit l'hôtesse d'un ton railleur, — à votre aise, nous plaiderons !

Pivoine était trop fière pour implorer une pareille femme, — elle se leva et sortit, le front haut, mais le cœur gonflé et la tête perdue.

A peine avait-elle refermé derrière elle la porte de la chambre, qu'elle éclata en sanglots muets et que deux ruisseaux de larmes coulèrent sur ses joues.

Elle se heurta dès la première marche de l'escalier contre un jeune homme qui montait. — Mille pardons, madame, — lui dit ce dernier.

Puis regardant mieux la jeune fille qui se cachait la figure avec son mouchoir, il s'écria :

—Quoi! c'est vous, mademoiselle Pivoine! je vous cherche depuis ce matin.

Pivoine essuya rapidement ses yeux et répondit d'une voix qu'elle s'efforça de rendre calme :

— Vous... me... cherchiez... monsieur Arsène...

— Mais vous pleurez, — continua Bâchu, — car c'était lui-même, — qu'avez-vous?... qu'avez-vous donc?...

— Ah! je suis bien... bien malheureuse!

Arsène frémit de joie à la vue de cette douleur, dont la cause, quelle qu'elle fût, devait, d'après ses calculs, jeter Pivoine entre ses bras.

— Dites-moi vite ce qui se passe, — reprit-il, — Vous savez que je suis votre ami... quand même.

La jeune fille, en peu de mots, le mit au courant.

— Quoi, ce n'est que cela! — fit-il quand

elle eut achevé, — remontez avec moi, je vous prie. — Tout va s'arranger.

Arsène fit appeler en effet la maîtresse de l'hôtel et lui dit :

— Veuillez, madame, remettre mademoiselle en possession immédiate de ce qui lui appartient ici, — dans un quart d'heure je vous apporterai la somme qui vous est due par mon ami Virgile.

— Voici la clef; — répondit l'hôtesse, qui rappela sur ses lèvres son plus gracieux sourire, — et je supplie mademoiselle de ne pas croire...

— Mademoiselle vous dispense de toute excuse ! — dit le jeune homme d'un ton sec. — Et il entra avec Pivoine dans l'appartement qu'elle occupait.

— Oh! mon ami, — s'écria la jeune fille

dès qu'ils furent seuls, en lui serrant la main avec effusion, — que vous êtes bon et généreux, et que ne vous dois-je pas?

— Vous ne me devez rien, chère enfant, — je puis vous obliger et je le fais, tout le plaisir n'est-il pas pour moi?... — Mais, voyons, pensons un peu à l'avenir, — vous ne pouvez habiter plus longtemps cette maison où vous avez été presque insultée. — Je vais, dès aujourd'hui, m'occuper de vous chercher un logement, — qu'en dites-vous?

— Faites, mon ami.

— Très-bien. — Ce soir, je viendrai vous prendre, nous irons dîner ensemble, et si vous voulez bien le permettre, je vous mènerai à l'Opéra, — cela vous distraira un peu. — Et d'ailleurs, — ajouta-t-il avec un sourire, — vous savez que je ne suis pas dangereux!

— Soit, répondit Pivoine, — Nous ferons ce que vous voudrez.

Arsène s'en alla triomphant. — Désormais il était sûr de posséder la jeune fille, et il ne lui fallait plus pour obtenir ce résultat, qu'un peu de temps et un peu d'adresse.

Arsène était fort épris, sans contredit, et surtout fort désireux d'arriver à un dénouement, mais au fond de son amour, comme au fond de celui de Virgile, il y avait plus de vanité que de véritable tendresse.

Ceci, par parenthèse, est moins rare qu'on ne le pense à l'endroit des femmes d'une trop remarquable beauté. — L'orgueil de la possession en fait souvent oublier le bonheur.

Le jeune Bâchu, dans la journée, loua *rue Madame*, à l'angle de la rue de Fleurus, un petit logement au cinquième, et se promit d'y faire apporter, dès le lendemain, quelques meubles simples mais coquets, et d'y installer Pivoine, se réservant de lui causer un peu plus tard une fort agréable surprise, quand il lui apprendrait qu'elle était tout à fait *chez elle*.

Ceci fait, Bâchu vint chercher sa maîtresse future, il la mena dîner comme il le lui avait promis, puis il la conduisit à l'Opéra et la soirée se passa presque gaiement.

Pivoine, nous le savons, n'était point et n'avait jamais été fort amoureuse de Virgile, — elle se trouva cependant profondément blessée de la conduite de son amant, lequel obéissant sans résistance aux ordres paternels, était parti brusquement, — à son insu, — la laissant dans une position horriblement fausse, dont elle n'était sortie que par hasard et grâce à l'obligeance inattendue d'un étranger.

Arsène, voulant se donner à peu de frais un vernis de générosité chevaleresque, prit chaudement la défense de son rival.

— Il a été surpris, entraîné, — dit-il, — il a dû partir sans avoir le temps de se reconnaître, mais soyez sûre que toutes ses pensées sont à vous, — il vous fera donner de ses nouvelles, il vous écrira, — quand on a aimé une femme qui vous ressemble, Pivoine, je sens bien qu'on ne peut jamais l'oublier!!

Vers minuit Bâchu ramena la jeune fille à l'hôtel de Germanie et la quitta sur le seuil, sans même lui demander la permission de déposer sur sa jolie main si bien gantée, un baiser respectueux.

La journée du lendemain se passa sans amener de nouveaux incidents.

Le surlendemain, Arsène installa Pivoine dans son logement de la rue Madame, mais avant de quitter l'hôtel, il eut soin de recommander à Antoine, en présence de la jeune fille, de recevoir les lettres qui pourraient arriver de *Bar-sur-Aube,* et de les garder pour les lui remettre, *à lui-même,* quand il les viendrait chercher.

On se souvient que c'est à Bar-sur-Aube que demeurait le père de Virgile.

Avons-nous besoin de dire que Pivoine trouva charmants le logis et les meubles, — elle se croyait cependant toujours dans un appartement *garni,* et son adorateur ne voulait point lui dire encore la vérité tout entière.

Pendant les premiers jours Pivoine parla souvent de Virgile.

— Avez-vous passé rue de la Harpe, mon ami? — demandait-elle à Bachu, dès qu'il arrivait chez elle.

— Oui, sans doute... — répondait le jeune homme.

— Et il n'y avait rien?

— Rien.

Pivoine baissait la tête et s'indignait sourdement de la complète et rapide indifférence de l'étudiant.

Or, Arsène mentait.

Deux lettres à l'adresse de Pivoine étaient arrivées déjà, et il avait jugé convenable de les jeter au feu au lieu de les remettre.

Virgile se crut oublié et n'écrivit plus.

C'est là ce que voulait Arsène.

De son côté, Pivoine cessa peu à peu de parler du *perfide*, et bientôt, — avouons-le, — elle cessa complétement d'y penser. —

Elle jouissait d'un bonheur matériel fort complet.

Arsène l'avait pourvue d'une femme de chambre, et subvenait, par l'entremise de cette dernière, à toutes les exigences du ménage.

Pivoine, de temps à autre, envoyait au Mont-de-piété un châle ou un bijou, et employait l'argent qu'elle en retirait, à ces dépenses futiles dont elle avait contracté l'habitude et le besoin.

Un jour, cependant, elle se prit à réfléchir

sur ce que sa position avait de précaire, et résolut de s'en expliquer avec Arsène.

C'était là que le jeune homme l'attendait.

# CHAPITRE XXII.

### Un conseil... d'amant.

Ce jour-là, Arsène ne vint chez la jeune fille que vers les huit heures.

On était au mois de juin et les ombres crépusculaires descendaient lentement du ciel après une journée brûlante.

Pivoine, assise sur le balcon de son appartement, sentait avec délices une brise tiède et molle lui caresser le visage et apporter jusqu'à elle les senteurs parfumées des grands arbres du Luxembourg, mêlées au concert des oiseaux qui se couchaient sous le feuillage.

Elle fermait à demi les yeux, — elle écoutait les bruits, elle aspirait la brise, — et le murmure des chants d'oiseaux, l'odeur pénétrante des fleurs et des arbustes, la reportaient par le souvenir au milieu des bois de Normandie.

Le froissement des pas d'Arsène qui traversait le petit salon, la tira de cette douce rêverie.

Le jeune homme prit une chaise et vint s'asseoir à côté d'elle.

— A quoi pensiez-vous? — lui demanda-t-il.

— A quoi, mon ami?

— Oui.

— Au passé, et à l'avenir.

— Et sans doute, — dit Arsène en riant, — tous deux vous apparaissaient revêtus de bien sombres couleurs?

— Plus sombres que vous ne le croyez, — répondit la jeune fille avec un sourire mélancolique.

— Sérieusement?

— Très-sérieusement.

— C'est qu'alors il y a quelque chose qui vous attriste ou qui vous inquiète, et je suis trop sincèrement votre ami pour craindre d'être indiscret en vous pressant de me révéler les causes de ce chagrin ou de ce souci.

— Vous prévenez mes désirs, car moi-même j'allais vous en parler.

— Je vous remercie... j'écoute et j'attends.

— Ce que j'ai à vous dire est bien simple... promettez-moi donc de me répondre avec une complète franchise.

— Je vous le promets.

— Et j'y compte. — Eh bien, mon ami, dites-moi, que pensez-vous de ma position ?

— Mais, répondit Arsène, — votre position est celle d'une femme, très-jeune, très-belle, admirée de tous ceux qui l'approchent, adorée de tous ceux qui l'entourent... je n'en vois pas de plus enviable.

— Vous ne jouez pas franc jeu ! — s'écria la jeune fille. — Je vous demande une vérité, et vous me servez une flatterie, nous ne pourrons pas nous entendre.

— J'espère que si.

— Voyons, écoutez-moi bien. — Vous prétendez que ma position est heureuse, et je la trouve, moi, plus triste que je ne saurais le dire.

— Pourquoi?

— Je ne suis rien, — je ne possède rien, je dépends du hasard, — je vis au jour le jour, et quand mes frêles ressources seront tout à fait épuisées, il me faudra quitter même ce logis où rien n'est à moi, et m'en aller, je ne sais où!...

— Oh! quant à ceci, ne vous en inquiétez pas, mon amie, — l'appartement que vous habitez est loué sous votre nom, et tout ici vous appartient.

— Non, Arsène, non... je refuse ce que vous m'offrez... On ne peut accepter cela que d'un amant, et vous n'êtes pas mon amant.

— Hélas! — murmura le jeune homme avec une expression que n'eût point désavouée un comédien plus habile.

— Non, — reprit Pivoine, plus vivement encore, — je ne veux point être sans cesse, dans ma vie, une charge pour quelqu'un, je veux me suffire à moi-même, dussé-je recourir au travail de mes mains, — je suis jeune et j'ai du courage, mais que puis-je faire, et dans ce grand Paris quelles ressources s'offrent à une femme qui, comme moi, réclame l'indépendance et qui veut la gagner? — Voilà ce qu'il faut que je sache, voilà ce que vous allez me dire.

— Ainsi vous me demandez un conseil?

— Un conseil d'ami.

— Ou... d'amant! — se dit Arsène à lui-même.

Puis il reprit à haute voix :

— Il est une carrière qui semble faite exprès pour vous, — une carrière glorieuse, enivrante, où votre beauté surhumaine et votre esprit charmant deviennent des gages assurés de succès, — une carrière enviée de toutes les femmes, mais où toutes n'ont pas comme vous la certitude de réussir et de briller...

Arsène s'interrompit.

— Et c'est?... — demanda curieusement la jeune fille.

— Le théâtre !

— Le théâtre, — répéta Pivoine à qui

ces deux mots firent entrevoir comme par enchantement une magique perspective, — vous croyez?...

— J'en suis sûr.

— Mais... oserais-je?

— Certes! — vous n'avez rien, mon amie, de ce qui peut autoriser la timidité ou la défiance de soi-même.

— Mais... — reprit de nouveau Pivoine, — comment arriver? — comment débuter? — est-ce facile? — est-ce possible?

— Je m'en charge.

— Vous?

— Moi.

— Et par quels moyens?

— Tel que vous me voyez, — fit Arsène

en se rengorgeant, — je suis auteur dramatique, j'ai une pièce en trois actes reçue à un théâtre, et le rôle principal, qui est délicieux, serait votre rôle de début.

— Vraiment !

— C'est comme j'ai l'honneur de vous le dire.

— Et à quel théâtre est-elle, votre pièce?

— Ici tout près, au Luxembourg.

La jeune fille fit une moue significative.

Monter sur les planches de Bobino ne lui semblait point le comble de la gloire et de la félicité.

Arsène devina ce qui se passait dans l'esprit de Pivoine et, se disant comme *Gringoire* le quasi-époux de *La Esmeralda*, qu'il n'y avait de ressources que dans quelque chose de très-pathétique, il continua avec chaleur :

— « Sans doute, et je le sais aussi bien que vous, ce n'est point un théâtre comme celui-là qu'il faut à votre beauté singulière et au talent que vous ne sauriez manquer d'avoir, mais songez-y, débuter au Luxembourg c'est mettre le pied à l'étrier, c'est faire le premier pas dans la carrière dramatique.

«Partout ailleurs vous réussiriez, cela n'est pas douteux, mais des écueils inattendus surgiraient sous vos pas! — des rivales, habituées avant vous aux faveurs du public et que vous éclipseriez en paraissant, ne vous pardonneraient point de les écraser ainsi, et, comme la couleuvre antique, elles ramperaient pour vous mordre au talon. — Ces femmes ont des amis, des protecteurs, des amants, elles mettraient en œuvre tous les ressorts de leur esprit d'intrigue pour vous abreuver de dégoûts, et pour étouffer l'éclat de vos succès.—Ce serait vainement, je ne l'ignore pas, mais enfin elles l'essayeraient, et vous laisseriez des lambeaux de votre robe blanche aux ronces du chemin.

« En débutant, au contraire, sur une scène modeste, rien de tout cela n'est à craindre.— Vous paraissez,— on s'étonne, — on admire. — La critique s'émeut. — La presse retentit de votre nom. — Tout Paris le répète et veut voir la merveille inconnue qui, par un caprice étrange, a choisi pour y briller d'abord le plus humble et le plus obscur de nos théâtres.

« Les directeurs accourent. — Alors, du haut du piédestal que vous a construit l'enthousiasme, ce n'est plus à vous d'accepter des conditions, c'est à vous d'en imposer.

« Vous êtes reine, vous dictez vos lois, et vous puisez à pleines mains dans le Pactole de quelque engagement fabuleux, — glorieusement, mais facilement conquis.

« Voilà l'avenir tel qu'il s'offre à vous, Pivoine. — Je n'exagère rien, je vous dis ce qui est, — ce qui sera, — voulez-vous me croire et essayer ? »

Arsène, ayant ainsi parlé, se tut et s'essuya le front. — Ce chaleureux pathos l'avait mis tout en nage.

Pivoine, éblouie et rêveuse, laissa tomber ces mots:

— Vous avez peut-être raison...

La victoire était remportée, Arsène le comprit bien, et, pour porter le dernier coup aux irrésolutions de la jeune fille, il courut chez lui prendre le manuscrit de MADELINETTE, revint en toute hâte et le lut d'une façon chaleureuse en ayant soin de faire ressortir toutes les finesses et étinceler toutes les facettes du rôle que Pivoine serait appelée à remplir dans cette œuvre importante.

Elle en fut enchantée.

A son tour elle prit la pièce et se mit à frédonner ceux des couplets dont elle connaissait les airs, puis, allumant toutes les bougies du salon, elle se posa devant la glace et mima, aux grands applaudissements d'Arsène, les scènes les plus à effet.

Elle se trouva charmante et son enthousiasme ne connut plus de bornes, quand le jeune littérateur lui eut pompeusement décrit la toilette qu'elle porterait à son entrée en scène.

— Mon Dieu ! — s'écria-t-elle, — mon Dieu, que ce sera joli!!

— Je le crois bien! — fit Arsène, — Et l'acte du bal, qu'en dites-vous ? — et votre costume de débardeur !

En songeant à son costume de débardeur Pivoine bondit de joie, et, pour la première fois depuis qu'elle connaissait Arsène, elle se jeta à son cou.

L'auteur des *Trois Pendus* comprit que l'heure du berger sonnait enfin, et que la jeune fille ne pouvait rien refuser à celui qui venait d'entr'ouvrir à ses regards charmés les perspectives de l'Eldorado.

Le théâtre fut oublié pour l'amour, et ce soir-là Arsène ne quitta point le logis de la jeune fille.

---

## CHAPITRE XXIII.

**Un fragment de la physiologie de l'amour.
— Axiomes, aphorismes, citations
et divagations.**

C'était au premier abord une destinée singulière que celle de Pivoine.

Elle avait seize ans à peine et trois hommes l'avaient possédée, — de ces trois hommes, un seul, — le premier, — George d'Entragues — s'était *emparé* d'elle *violemment* et celui-là, elle l'avait aimé.

Aux deux autres, — elle s'était *donnée*, et donnée sans amour.

De pareils faits, au reste, sont fréquents quoique invraisemblables, et nous pourrions prouver que les fautes des jeunes filles résultent presque toujours d'un moment d'imprudence ou d'un concours de circonstances fortuites et non d'une passion véritable.

Telle femme a longtemps résisté aux prières d'un amour soumis et respectueux, qui se laisse prendre en cinq minutes par un indifférent hardi.

Aussi le principal aphorisme d'un *Code galant* à l'usage des Don Juan novices, devrait-il être celui-ci :

« *Auprès des femmes la témérité est la pre-*
« *mière de toutes les vertus.* »

Cela est d'autant plus vrai que les trois quarts du temps, faute d'un peu d'audace, on laisse échapper une occasion qui ne se représente jamais

Il-y a dans les péripéties de toute poursuite amoureuse un moment où la vertu attaquée ne demande qu'à se rendre.

Ce moment dure parfois cinq minutes, parfois une seconde.

Il est le produit d'une passagère faiblesse du cœur, ou d'un rapide et court embrasement des sens.

Quand il est venu et qu'on ne l'a point saisi, tout est dit.

La vertu, mise en garde par l'expérience, connaît son côté faible, ne se pardonne point une infructueuse erreur, et devient inexpugnable.

Les *roués* d'autrefois, — ces gigantesques Adonis qui seront immortels par le souvenir de leurs heureuses amours, — savaient profiter du *bon moment*, voilà tout.

Il y a des exceptions, mais elles confirment la règle.

Dans tous les cas, Pivoine ne faisait point partie de ces exceptions.

Les circonstances seules l'avaient livrée, — presque sans le concours de sa volonté, — à Virgile d'abord, puis à Arsène, nos lecteurs le savent.

Donc, le lendemain de la conversation que nous avons rapportée dans le chapitre précédent, elle se réveilla, un peu plus bas que la veille sur les degrés de l'échelle sociale.

Maîtresse de l'étudiant elle vivait avec lui, — un mariage légitime il est vrai n'avait point cimenté leur union, — mais enfin l'homme dont elle s'était faite la compagne, l'abritait et la protégeait de sa dignité et de son appui.

Maîtresse d'Arsène au contraire, isolée, et recevant de lui un argent qu'elle ne gagnait point, Pivoine devenait *femme entretenue*, c'est-à-dire une de ces syrènes qui de l'amour font une marchandise, — marchandise qu'elles vendent plus ou moins cher, selon les charmes qu'elles possèdent, et surtout selon *l'occurrence*.

Car hélas (c'est triste à dire, et surtout c'est triste à penser !) quand l'amour devient *commercial*, il a, comme les fonds publics, des *hausses* imprévues et des *baisses* subites.

La politique joue un grand rôle dans les fluctuations de cette *Bourse* galante.

Les révolutions sont fatales à ces *Actions* d'un nouveau genre, qui ne se peuvent point coter sous les régimes républicains.

Qu'il nous soit permis de citer, comme *pièces à l'appui* de nos assertions, quelques lignes que nous écrivions l'an passé dans un tout petit pamphlet critico-politique dont nous étions à la fois, le fondateur, le directeur, l'actionnaire, le rédacteur et le gérant, et qui attira sur nous les très-flatteuses persécutions de messieurs les puissants seigneurs et hauts barons féodaux de la République *démocratique*.

Ces lignes sont extraites d'un numéro portant la date du 16 avril 1848, et d'un article doué de ce titre : *les Faillites de l'Amour*.

« *Lugete veneres*, — disions-nous, — pleurez pauvres chers *Cupidos* et faites du feu avec les flèches de vos carquois, si vous éprouvez le besoin de chauffer vos mollets mignons. »

« *Lugete veneres*, et vous, Lorettes, suspendez aux branches des saules de Babylone les crinolines de vos sous-jupes !»

« Le jour fatal est venu ! »

« L'heure désastreuse a sonné ! »

« Pleurez ! — L'amour est en faillite ! »

« C'est comme nous avons l'honneur de vous le dire. — L'amour a déposé son *bilan* le 25 février au matin, bilan dont l'actif se traduit par ce chiffre unique et triste . . . 0

« Ceci demande une explication. — Nous allons la donner :

« Il y a dans la grande ville un nombre indéterminé de jolies pécheresses, ornement des quartiers neufs, dont elles *essuient les plâtres* avec un zèle et une conscience au-dessus de tout éloge, et parfois au-dessous... de beaucoup d'entresols.

« Grâce à un nombre également indéterminé d'hommes mûrs, mais jobards, l'existence de ces fragiles beautés s'émaillait naguère de petits coupés, — de cachemires de l'Inde — de soupers, — d'avant-scènes à tous les théâtres, — de Kings-Charles — de Griffons, — de petits caniches blancs, frisés et moutonnés, avec des colliers de faveurs roses, — et enfin d'une multitude d'autres superfluités dont le détail nous conduirait trop loin.

« De plus, à côté de l'homme mûr, mais naïf, — dans le voluptueux clair obscur des rideaux demi fermés de l'alcôve, — on voyait poindre les crocs aiguisés d'une moustache quelconque, brune ou blonde, mais toujours mystérieuse et clandestine.

« Cette moustache appartenait au vicomte de ***, fils de pair de France, — apprenti diplomate, — ou *Chevalier du Lansquenet.*

« Or le vicomte de ***, l'homme aimé, le *Trésor à sa bibiche,* avait été créé et mis au monde tout exprès pour subvenir aux menues dépenses, telles que, bouquets, — parties de campagne, — gants, — bottines, etc.., etc...

« C'était encore le vicomte de ***, qui ne manquait point d'associer d'une façon gratuite, *la Louloutte à son chéri,* aux chances plus ou moins heureuses d'une banque de Baccarat.

« L'homme mûr *payait* de son argent.

« L'homme aimé *payait* de sa personne, et aussi de son argent.

« La Lorette n'était pas *volée*, et des nuits pleines de songes d'or succédaient à des jours sans nuages.

« *Que les temps sont changés!!*

« De couleur de rose qu'il était, l'horizon devint du jour au lendemain noir comme de l'encre.

« A mesure que les *manifestations* se succédaient les banquiers fermaient boutique.

« A force de parler de Louis Blanc on n'entendait plus parler de *Louis Jaunes.*

« Les hommes mûrs, — pour peu qu'ils eussent été pairs de France,—montaient dans une berline, dans un briska ou dans un landeau, et s'empressaient de fuir Paris, de toute la vitesse de quatre chevaux de poste.

« Les autres, — banquiers, agents de change, et marchands de bois en gros,—qui se réveillaient pauvres après s'être endormis riches, étaient forcés de supprimer dans leur budget l'article des *fonds secrets*, abandonnaient à leur malheureux sort mesdames Florence, Laurence, Mazagran, Mirabelle et Camélia, et se remettaient à *aimer* leurs femmes, par mesure d'économie.

« Restaient les vicomtes de ***. — Mais la République, en leur ôtant leur titre, les dépouillait de leur principal agrément, et d'ailleurs, le diable logé dans leur bourse applatie, les réduisait à l'amour à prix fixe et aux dîners à 32 sous.

« La Lorette, — honorant comme il convient le culte du malheur, — les *flanquait* à la porte et songeait à vendre ses meubles.

« Mais les acheteurs ne se présentaient pas et le boulanger ne voulait plus faire crédit.

« Du 26 février au 15 mars, le Mont-de-Piété fonctionna et suffit à tout. — Mais peu à peu, robes et bijoux se trouvèrent au croc, et la *débine* apparut menaçante.

« Voilà où en sont les choses.

« Vainement ces dames, — imitant les théâtres Nationaux, ont-elles singulièrement diminué le prix des places et supprimé les *entrées* de faveur.

« Vainement, — le sourire aux lèvres et la larme à l'œil, — parcourent-elles les boulevards, ornées de leurs derniers falbalas, et annonçant du regard *une vente forcée de mar-*

chandises, n'importe à quel prix, pour cause de faillite et de cessation de bail.

« La *Panne* universelle glace les cœurs les plus volcaniques et serre les cordons de toutes les bourses.

« Bien peu de gens se laissent tenter par ces bonnes fortunes de *raccroc*.

« Depuis huit jours les Lorettes n'ont pas dîné.

« Elles adressent aujourd'hui même une députation au gouvernement provisoire pour lui demander de *l'ouvrage*.

« Nous ne savons si le citoyen Louis Blanc trouvera moyen de les faire *travailler*. »

Et qu'on n'aille pas croire que les lignes précédentes tendent à l'exagération, dans l'intérêt de la forme comique.

Telle est la situation de triste dépendance faite à ces pauvres femmes dont la beauté est le seul revenu.

Voilà où Pivoine en arriverait bientôt si les mines d'or qu'Arsène avait fait briller à ses yeux et que le théâtre devait lui ouvrir, s'évanouissaient devant la réalité, avec ses illusions de talent et de gloire.

Nous saurons bientôt ce que lui gardait l'avenir.

## CHAPITRE XXIV.

### Une déclaration excentrique.

Dès le lendemain Arsène présenta Pivoine à son ami le directeur.

Ce dernier fut émerveillé de la beauté de la jeune fille et comprit qu'il avait tout intérêt à admettre au nombre de ses pensionnaires une aussi ravissante créature.

Il offrit donc à l'instant même un engagement d'un an, à des conditions réellement merveilleuses, vu les habitudes économiques du théâtre qu'il gouvernait.

Voici ces conditions :

Premièrement. — Le droit de tenir, en chef et sans partage l'emploi des jeunes premières dans le vaudeville et dans le drame.

Deuxièmement. — Cent francs de *fixe* par mois.

Troisièmement. — Deux francs de *feux* par représention.

Quatrièmement enfin. — Une dispense absolue de la *figuration*.

Pour l'intelligence de cette dernière clause, il est bon d'expliquer à nos lecteurs que l'administration de certains théâtres d'ordre modeste, exige, par raison d'économie, que tous ses artistes, quelque soit leur talent et leur position, *figurent* dans les pièces *à spectacle* où ils n'ont pas de rôles à jouer.

On devine combien certains amours propres doivent souffrir de cette obligation.

Pivoine, conseillée par Arsène qui ne doutait point que des propositions brillantes n'arrivassent de toute part aussitôt après les débuts, refusa de signer un traité d'un an et consentit seulement à s'engager pour toute la durée des représentations de *Madelinette*, à raison de six francs par soirée.

Il fut convenu que les répétitions commenceraient dans trois semaines.

La jeune fille se mit immédiatement à étudier son rôle, et nous n'avons pas besoin de dire que le soi disant auteur de la pièce fut son répétiteur assidu.

Durant les premiers jours tout alla bien dans le nouveau ménage et l'entente la plus cordiale sembla régner entre Pivoine et Arsène.

Mais hélas, ce dernier ne gagnait point à être trop intimement connu et peu à peu la jeune fille, qui n'avait triomphé de ses préventions d'autrefois qu'en raison des services à elle rendus par Arsène, put se faire une juste idée du caractère véritable de son amant, et le vit tel qu'il était, c'est-à-dire, sot, égoïste, infatué de lui-même et de son mérite, ridicule enfin au suprême degré, ce qu'une femme ne pardonne guère.

De cette parfaite connaissance de l'homme au dédain le plus complet, il n'y avait qu'un pas, — ce pas fut bientôt franchi.

Du dédain à la pensée d'une infidélité, la distance était moindre encore, et Pivoine songea, non point à quitter son amant, — elle avait besoin de lui, — mais à se venger de la contrainte qu'il lui imposait, comme se vengent les femmes, c'est-à-dire en le trompant.

Ceci du reste n'était point aussi facile à faire qu'on le pourrait supposer; Arsène ne quittant guère le logis de la jeune fille et ne tolérant chez elle la présence d'aucun visiteur.

Une fois par semaine, il est vrai, Arsène recevait comme autrefois dans son appartement de la rue de Vaugirard la collection de littérateurs et d'artistes dont nous avons parlé précédemment, et Pivoine était appelée à faire les honneurs de ce conventicule, mais parmi ces jeunes gens, les uns étaient de leur côté en *pouvoir de maîtresse*, les autres jouissaient d'une fâcheuse renommée d'indiscrétion et de vantardise, et les derniers enfin déplaisaient à la jeune fille presqu'autant que son amant en titre.—Un choix était donc impossible.

Cependant les obstacles irritaient ses désirs, de jour en jour Arsène l'obsédait davantage, et d'ailleurs elle éprouvait ce sentiment, bizarre mais inévitable, qui pousse une femme entretenue à duper celui qui la paye.

Ceci n'est point un paradoxe, c'est un fait, — un fait démontré par l'expérience, — un fait incontestable et *sans exceptions*.

Donc Pivoine cherchait, et jamais aphorisme ne fut plus vrai que celui-ci :—*Cherchez et vous trouverez !*

Dans la rue de Fleurus, à trois ou quatre cents pas de l'angle de la rue Madame, il y avait et il y a encore aujourd'hui une haute et vaste maison, ruche immense, pleine de locataires de tous les rangs et de tous les états.

Une sorte de petite coupole revêtue de vitraux se trouvait pratiquée dans le toit de cette maison, et souvent Pivoine s'était plu, depuis son balcon, à regarder les yeux de la lumière, qui, selon que le soleil était plus ou moins haut dans le ciel, faisait étinceler de mille feux ce vitrage, on le teignait d'une pourpre sanglante.

Un chassis à tabatière percé, dans la coupole, était souvent entrebâillé, mais jamais la jeune fille n'avait apperçu la main qui le faisait mouvoir, et elle s'était prise, à l'endroit de l'habitant de cette mansarde, d'une curiosité vague et sans objet déterminé.

Cette curiosité fut bientôt satisfaite, car un soir, en jetant les yeux sur la coupole, Pivoine vit un homme dont le buste sortait du vasistas ouvert et qui, dominant les toits d'alentours, fumait tranquillement sa pipe.

La distance était trop grande pour que Pivoine pût distinguer les traits de cet inconnu.

Elle rentra dans son salon, prit une lorgnette de spectacle et la braqua sur lui.

C'était un jeune homme de vingt-six ou vingt-sept ans, vêtu simplement d'une chemise et d'un pantalon.

Ses traits étaient beaux et réguliers, — une forêt de cheveux noirs et brillants se bouclaient autour de son front et encadraient son visage dont ils faisaient ressortir la pâleur italienne, — les pointes de sa moustache d'ébène se retroussaient d'une façon conquérante.

Pivoine ne connaissait ni l'Apollon du Belvéder, ni l'Antinoüs, ni le Bacchus indien, sans cela elle n'eut point manqué de s'avouer à elle-même que le fumeur de la rue de Fleurus surpassait de beaucoup ces trois types célèbres.

Or, ce fumeur n'était autre que Fra-Diavolo notre ancienne connaissance, — tous nos lecteurs l'ont déjà deviné sans doute.

Jugeant convenable, ce soir-là, de prendre le frais sans sortir de chez lui, il avait porté au milieu de l'atelier son buffet de sapin, sur le buffet il avait posé une chaise, et, du haut de cette chaise, il aspirait, en planant sur Paris, les nuages de vapeur odorante d'*Abd-el-Kader* sa pipe algérienne.

Il ne nous semble guère possible de nier

qu'il y ait dans le regard une véritable et puissante attraction magnétique, surtout quand ce regard est celui d'une femme et qu'il s'échappe de deux beaux yeux.

Notre ami Alexandre Dumas fils et son ami Henri Delaage, pourraient nous renseigner à ce sujet d'une façon très-complète, mais, comme il nous paraît médiocrement important d'éclaircir ici ce point controversé de la science Mésmérienne, nous croyons devoir passer outre, en constatant toutefois que, soit attraction, soit hasard, dès que Fra-Diavolo fut visé par le double canon de la jumelle de Pivoine, ses yeux, qui jusque-là se dirigeaient vers les nuages, s'abaissèrent graduellement du côté de la terre et se fixèrent enfin sur le balcon de la jolie curieuse.

L'artiste, en s'apercevant de l'examen dont il était l'objet, fit un mouvement brusque et disparut dans les profondeurs de son atelier.

Il reparut bientôt flanqué de deux objets,
— une feuille de carton et un porte-voix.

Avec le carton, qu'il roula dans ses doigts en forme de tube, il fit une longue vue et braqua soudain sur Pivoine ce télescope improvisé, lequel lui permit, malgré l'absence de tout verre, de se rendre compte, non point des traits de Pivoine, mais au moins des lignes gracieuses de sa taille, charmants contours qui dénotaient à coup sûr la jeunesse.

Ce rapide examen achevé, Fra-Diavolo déposa sa lunette, emboucha le porte-voix et jeta dans l'espace ces trois mots:

— JE VOUS ADORE!!

Le son décuplé, par les parois métalliques

de l'instrument, roula comme une trombe, fit lever la tête aux rares passants de la rue de Fleurus, effraya dans leurs nids les oiseaux du jardin Royal, se heurta aux façades ciselées du Luxembourg, et s'en alla mourir sous les lambris de la chambre des pairs, peu accoutumé, à répéter de tels accents.

Pivoine, confuse et presqu'effrayée de cette déclaration inattendue, rentra chez elle en toute hâte, ferma sa porte fenêtre et ne reparut plus de la soirée.

Le lendemain matin, de fort bonne heure, elle entrebâilla sa croisée et, à travers les lames disjointes de la jalousie, regarda curieusement dans la direction de la coupole.

Personne ne se montrait, mais le vasistas était ouvert et quelque chose d'assez semblable à un drapeau blanc se balançait à l'extrémité d'une baguette.

Pivoine s'aida de sa jumelle.

Le prétendu drapeau était une immense feuille de papier.

Au milieu se trouvait un *Cœur*, peint à l'huile, surmonté d'une flamme et percé d'une flèche.

En gros caractères et servant de légende, ces mots:

MON CŒUR VOUS APPARTIENT.

Et plus bas, dans l'ordre suivant:

FRA-DIAVOLO, ARTISTE PEINTRE

RUE DE FLEURUS N° ***.

RÉPONSE, S. V. P.

Pivoine, en lisant cette singulière affiche, eut envie tout à la fois et de rire et de se fâcher.

L'idée lui paraissait plaisante, mais elle trouvait fort impertinent au peintre de donner ainsi son adresse et de nourrir la présomptueuse espérance d'obtenir une réponse.

Cependant, tout bien considéré, et réfléchissant que l'original de la rue de Fleurus ne la connaissait point et ne la connaîtrait jamais, elle prit le parti d'envisager la chose uniquement sous le point de vue comique.

Elle en rit en elle-même pendant deux jours entiers, mais *Madelinette* étant en pleine répétition au théâtre voisin et la plus grande partie du temps de la future actrice se trouvant en outre consacrée à l'étude du rôle et à ses leçons de chant et de danse, elle oublia bientôt presque complétement son audacieux voisin.

Fra Diavolo fut plus tenace.

Durant une semaine entière il laissa en évidence son oriflamme *illustré*, puis comme Pivoine ne reparut point au balcon, et comme il lui fut impossible de s'orienter assez bien pour découvrir la maison qu'elle habitait et obtenir des renseignements, il se dit qu'il avait eu affaire à quelque prude ou à quelque niaise, et il supprima son écriteau.

———

Cependant l'époque de la première représentation de la pièce d'Arsène approchait.

L'auteur et l'actrice, se soutenant l'un l'autre, allaient faire ensemble leurs premières armes en face de la rampe.

La veille de ce jour mémorable une idée folle traversa l'esprit de Pivoine.

Pour des motifs qui seront bientôt révélés à nos lecteurs, elle résolut de se jouer à elle-même une petite comédie d'intrigue, à laquelle rien ne manquerait, excepté des spectateurs et un dénouement.

Elle prit donc une *avant-scène* pour le lendemain au bureau de location du théâtre Bobino.

Elle écrivit *une* ligne environ sur une demi-feuille de papier.

Elle mit sous enveloppe la demi-feuille et le coupon.

Elle traça sur l'enveloppe une adresse ainsi conçue :

« *A Mocieu, Mocieu* Fra-Diavolo, *areliste en pentur.*

*Rue de Fleurusse.*

Puis elle jeta le tout à la poste, de manière à ce que la lettre fut distribuée le lendemain dans la matinée.

## CHAPITRE XXV.

**Dans les coulisses.**

On devait commencer *Madelinette* à huit heures.

A sept heures et quelques minutes Pivoine arrivait au théâtre et montait dans sa loge.

Nous disons: *sa loge*, car elle avait obtenu du directeur la jouissance exclusive d'un petit cabinet, long de trois pieds et large de quatre, meublé d'un miroir, d'une toilette antique et de deux quinquets.

Ceci du reste était sans précédent dans les fastes de Bobino.

L'habilleuse attendait, tenant à la main une véritable gerbe de fleurs.

— Voici le bouquet que Madame a commandé, — dit-elle entre deux révérences.

— Bien, — répondit la jeune fille, — posez-le sur la toilette et venez avec moi.

— Je suis aux ordres de madame.

L'actrice et la duègne — (l'habilleuse était vieille, comme presque toutes ses pareilles,) — l'actrice et la duègne, disons-nous, arrivèrent sur le théâtre au moment où la toile venait de tomber après le troisième acte de *Picolo*.

Pivoine appliqua son œil au trou du rideau, et sembla pendant quelques secondes chercher à s'orienter.

Mais bientôt sans doute elle aperçut celui ou celle qu'elle désirait voir, car elle ne put retenir un petit geste de satisfaction.

Puis elle quitta son poste, et fit signe à l'habilleuse de la remplacer.

— Regardez, — lui dit-elle.

— Où cela, madame?

— Côté gauche.

— M'y voilà.

— Avant-scène des premières.

— J'y suis.

— Vous voyez un jeune homme ?

— Seul?

— Oui.

— Habit vert à boutons d'or, moustaches noires et cheveux frisés? — est-ce cela?

— C'est cela.

— Un bien beau garçon ma foi!!

— Oh! oui!! — répondit Pivoine avec entraînement.

— Y a-t-il quelque chose à lui dire? — demanda l'habilleuse en clignant de l'œil, d'une façon qui signifiait qu'elle n'était point novice dans les fonctions discrètes des commissions galantes.

— Remontons, — dit la jeune fille, — quand nous serons en haut je vous expliquerai ce qu'il faut faire.

Au bout de peu d'instants et après, un entretien mystérieux avec la débutante, l'habilleuse entrouvrait sans bruit la porte de l'avant scène de Fra-Diavolo. — Nos lecteurs n'ont d'ailleurs qu'à se reporter aux premières pages de ce livre pour apprécier la façon victorieuse dont elle accomplit son message.

— Eh bien? — demanda Pivoine quand la vieille fut de retour.

— Il l'a.

— Et... a-t-il paru bien étonné en le recevant?

— Dame! un peu! il a été comme qui dirait, sauf votre respect, *interloqué*. — Mais n'empêche, c'est un bien beau garçon, quoiqu'un peu *panné*.

— Ah! il paraît... ce que vous dites?

— Mon dieu oui! — oh! ça n'est pas encore là ce qu'il faudrait à madame! — faite comme elle l'est, il y a des milles et des cents à gagner, et, si madame voulait le permettre, je me chargerais bien de lui faire faire des connaissances *chouettes,* rien que gens *de la haute,* bourgeois *rupins,* tous agents de change ou fabricants de produits chimiques...

Pivoine interrompit ces propositions, au moins bizarres, en disant, avec hauteur :

— Une autre fois madame, attendez pour m'offrir vos services que je m'adresse à vous... il est temps de commencer ma toilette, appellez le coiffeur.

*L'artiste capillaire,* qui présidait aux bandeaux de mesdames les actrices et aux perruques de messieurs les acteurs de Bobino, se hâta d'accourir et voulut induire Pivoine en une profusion de boucles et de touffes, compliquées de bandoline et renforcées de fil de laiton.

Heureusement le bon goût naturel de la jeune fille la sauva de ce dangereux écueil, et les nattes brillantes de ses beaux cheveux noirs se tordirent derrière sa tête comme un diadème de velours, avec une simplicité charmante.

La coiffure une fois achevée, le reste de la toilette était peu de chose, aussi, quand Arsène vint frapper à la porte de la loge, il trouva Pivoine complétement habillée et jolie comme. . . . . . . . . . . . . .
. . . . . . . . . . . . . .

Ici le terme de comparaison nous manque.

Où le chercher ?

Ah ! le voici.

Jolie comme l'est madame Octave, la ravissante actrice du Vaudeville, dans le rôle et surtout dans le *costume* d'Eve (*).

— Vous êtes ce soir d'une beauté invraisemblable ! — s'écria le jeune homme, à la vue de sa maîtresse.

— En vérité ? — demanda cette dernière, avec une coquetterie provocante.

— Regardez-vous... votre glace parlera pour moi, et mieux que moi.

— Eh bien ! j'en suis charmée ! car je voudrais séduire.

(*) LA PROPRIÉTÉ C'EST LE VOL. — *Folie socialiste, représentée, au Vaudeville, le 28 novembre* 1848.

— Qui donc ? — fit Arsène en riant.

— Le public... — répondit la jeune fille qui cacha sous une réticence le reste de sa pensée.

— Ce sera facile, vous n'aurez qu'à paraître.

— J'en accepte l'augure... quand commençons-nous ?

— Dans cinq minutes, — la première pièce est finie.

— Alors descendons.

— Soit descendons ; et ne tremblez pas Pivoine, n'ayez pas peur, le succès est sûr ; et je vous promets une ovation, des bravos, des bouquets...

— Oh ! pour des bouquets, j'y compte !...

— interrompit-elle, en cachant un malin sourire.

Quelques minutes s'écoulèrent.

Les machinistes achevaient de *planter* le décor.

Pivoine regardait dans la salle par le trou du rideau.

Les musiciens regagnaient leurs pupitres.

Soudain le régisseur cria :

— *Place au théâtre!* — *messieurs, mesdames, on commence!*

En même temps, un coup de sonnette avertit le chef d'orchestre dont l'archet grinçant donna le signal de l'ouverture.

La scène resta libre, et la débutante, tout en regagnant la coulisse, sentit ses jambes faiblir et le cœur lui manquer, alors que la voix du régisseur retentissait de nouveau pour prononcer ces mots magiques :

— *Au rideau!*

Le sort en était jeté. — La toile se levait, — les destinées de la pièce et celles de Pivoine étaient désormais, et sans appel, entre les mains du parterre et des loges.

Grâce au ciel la jeune fille n'avait point à paraître pour l'exposition, car sa première émotion fut si vive que, sans aucun doute, elle se serait trouvée mal, si, dès les dernières notes de l'ouverture, il lui avait fallu affronter le public, — mais un instant lui suffit pour se remettre, et, quoique encore bien émue et bien palpitante, elle ne manqua point son entrée.

Nous avons donné déjà, acte par acte, et

pour ainsi dire scène par scène, les bulletins de l'accueil fait à *Madelinette*.

Sautons donc à pieds joints par dessus les péripéties de cette représentation, et reportons-nous au moment du *baisser* de rideau, à ce moment où Pivoine disparut au milieu d'une triple salve d'applaudissements, emportant le bouquet de Fra-Diavolo, et laissant celui d'Arsène gisant sur le plancher du théâtre, au milieu des fleurs dédaignées.

Le jeune littérateur quitta précipitamment la salle et gagna les coulisses, singulièrement agité et intrigué par cette circonstance.

Tandis qu'il cherchait, mais en vain, à se dérober aux compliments de son ami le directeur et aux félicitations intéressées des garçons d'accessoires, afin de pouvoir monter à la loge de Pivoine et entamer avec elle une explication, — disons en quelques mots quelles avaient été les raisons déterminantes de la conduite de la jeune fille.

Lorsque, peu de jours auparavant, avait eu lieu à l'aide du porte-voix et du papier-peint de Fra-Diavolo, la correspondance aérienne que nous avons mise sous les yeux de nos lecteurs, Pivoine avait trouvé l'artiste tout à la fois très-ridicule et fort impertinent.

La veille de la première représentation, l'idée lui était venue de mystifier le présomptueux jeune homme, en lui faisant croire qu'une femme qu'il ne connaissait point et qu'il ne connaîtrait jamais, nourrissait à son endroit quelque profonde et mystérieuse passion.

Ceci explique l'envoi du coupon d'avant-scène.

Puis, réflexions faites, la débutante songea à utiliser Fra-Diavolo dans l'intérêt de son succès futur, et elle lui fit remettre le bouquet que nous connaissons avec la consigne de le jeter sur le théâtre à un moment donné.

Mais quand vint l'heure solennelle et quand Pivoine fut en scène, elle sentit tout d'un coup que ce qu'elle avait envisagé jusque-là comme une plaisanterie devenait une chose plus sérieuse qu'elle-même ne l'aurait voulu.

A peine s'était-elle avancée jusqu'à la rampe, qu'il lui sembla que le regard de Fra-Diavolo rayonnait autour d'elle et l'enfermait dans un cercle de feu.

Elle avait lu dans ce regard une de ces profondes admirations qui révèlent aux femmes la toute-puissance de leur beauté, et qui, par conséquent, leur agréent bien davantage que les flatteries les plus délicates et les compliments les mieux ciselés.

Bien plus, elle y avait lu, ou cru lire, toutes les promesses d'amour et de voluptés que rêvait sa nature ardente et jeune, voluptés qu'aucun homme, excepté Georges d'Entragues, ne lui avait jamais donnée.

Et son regard, à elle, avait répondu par de semblables promesses.

Aussi, lorsque la pièce s'acheva au milieu d'applaudissements unanimes, lorsque la débutante rappelée avec des cris et des trépignements reparut palpitante et fière, c'est à Fra-Diavolo que s'adressa son sourire, ce furent les fleurs de Fra-Diavolo qu'elle voulut ramasser.

— Ceci est absurde ! ceci est invraisemblable !

Soit! — mon Dieu nous le savons, et pourtant nous n'inventons rien.

Dans le monde étrange dont ce livre a la prétention de reproduire les mœurs, nous avons vu maintes fois des passions brûlantes commencer ainsi, sans cause et sans prélude.

Quand la femme a cessé d'être un ange, quand elle a quitté la voie droite, la vie honnête, obscure et chaste, elle ne donne plus son cœur, elle le jete au hasard.

# CHAPITRE XXVI.

**Profils de journalistes.**

Arsène parvint enfin, mais non sans peine, à rejoindre Pivoine dans sa loge.

Il commença par l'accabler d'embrassades et de compliments qu'elle subit avec une héroïque résignation, puis, après force meandres et par un chemin indirect, il aborda la question qui le préoccupait, en disant d'un ton piteux:

— Ah ça Pivoine, vous avez donc méprisé mon pauvre bouquet?

— Moi?

— Mais sans doute, puisque vous ne l'avez pas ramassé.

— Plaisantez-vous? — le voici.

Et la jeune fille indiqua le bouquet de Fra-Diavolo avec un geste, si admirable de conviction et de vérité, que nous ne pouvons nous empêcher de remarquer combien la dissimulation est naturelle aux femmes, puisque, même lorsqu'elles n'en ont pas l'habitude, elles excellent dans cette dangereuse science.

— Mais, — reprit Arsène, — ce ne sont point là mes fleurs, je vous ai jeté des roses mousseuses et des camélias.

— Ah ! mon Dieu !... et moi qui ai cru... quel malheur ! — courez vite, mon ami, mettez sur pied tout le personnel de l'administration, et faites apporter ici tous les bouquets, sans exception ! — nous reconnaîtrons le vôtre, je serais désespérée de l'avoir perdu... je le conserverai toujours, savez-vous...? il me rappellera que je vous dois mon premier succès, mes premières couronnes...

Arsène, transporté de joie par ces douces paroles et complètement rassuré d'ailleurs à l'endroit de ses appréhensions jalouses, fouilla le théâtre, depuis le second dessous jusqu'au cintre, et vint à bout de reconquérir ses Camélias que les machinistes étaient au moment de se partager.

Il les remporta triomphant et trouva Pivoine prête à partir. — Tous deux quittèrent le théâtre.

Pour regagner le logement de la jeune fille il n'y avait que la rue à traverser. — Arsène sonna et dit à sa maîtresse :

— A demain.

— Vous ne montez pas ?

— Non.

— Pourquoi ?

— Vous savez bien que je donne à souper à quelques journalistes qui doivent *nous* faire des articles. — Je croyais vous l'avoir dit ce matin.

— C'est juste. — Je n'y songeais plus. — A demain donc mon ami.

Et Pivoine rentra seule, en bénissant l'heureux hasard, qui, pour cette nuit du moins, la débarrassait de son amant.

Puis, au lieu de se coucher, elle s'accouda, à son balcon, et, pendant près d'une heure elle regarda les vitrages de l'atelier de Fra-Dia-Volo sur lesquels la lune naissante jetait ses douces lueurs et ses reflets d'argent.

Arsène monta dans un cabriolet de remise qu'il avait pris à l'heure depuis le matin et il se fit mener chez Dagneaux (le *Café Anglais* du pays latin) afin d'y rejoindre la demi-douzaine de folliculaires auxquels il avait promis pour ce soir-là *nopces* et *festins*.

———

Nous ne connaissons rien de pis que ces littérateurs prétendus qui végètent dans les bas fonds d'un journalisme fangeux.

Nous ne savons rien de plus odieux que ces misérables petites feuilles, se disant *Artistiques* et *Théâtrales*, mais pour lesquelles l'art et la scène ne sont qu'un prétexte, et qui déjeunent du scandale et dînent du *chantage*, — quand toutefois, malgré ces honorables ressources, elles ne périssent pas de faim et de misère.

Ces journalistes malfaisants, lorsqu'ils parviennent à végéter, réalisent le beau idéal de ce qu'il serait convenable d'appeler *l'exploitation de l'homme par l'homme*.

La base sur laquelle ils s'appuyent est toujours en effet une pensée de spéculation honteuse.

Tantôt ils *poussent à l'abonnement* les malheureux acteurs, en leur mettant le couteau sur la gorge, c'est-à-dire en les menaçant d'un amas de sales injures et de critiques déloyales.

Tantôt ils lèvent le même impôt forcé sur

l'amour propre des auteurs chatouilleux qui ne se sont point encore cuirassé l'épiderme contre leurs piqûres de vipères.

Parfois ils vont trouver quelque fringante Lorette, richement entretenue, et la menacent de raconter, dans un article Variétés, et sous le voile de transparentes initiales, comment elle a *soupé* la veille à la Maison-d'Or, en tendre tête-à-tête avec un grand jeune homme blond, qui n'était point son *protecteur*.

Il est bien entendu que le fatal article arrivera, dès le lendemain, sous enveloppe à l'adresse de ce dernier.

La Lorette se débat, marchande, baisse la tête, puis finit par payer.

Et quand un hasard quelconque a jeté sous les griffes de la feuille *badine* quelque secret de faute véritable, quelque mystère de sérieuse honte, — oh! comme alors la curée est large! — Tudieu! quelle franche lippée! — Le petit journal, songeant aux jours à venir, et prévoyant qu'il lui faudra plus d'une fois se serrer le ventre faute d'un dîner, mange, dévore, et se remplit la panse.

Il est tout glorieux, tout coquet, — il se donne des airs conquérants!

Et c'est justice! — il a spéculé de façon lucrative sur l'honneur d'une femme ou sur l'échéance embarrassée d'un commerçant!

N'a-t-il pas le droit d'être fier?

D'ailleurs il s'appelle *le Papillon bleu*, — *le Miroir des dames*, — *le Sportman*, — *l'Echo de la fashion*, — *le Guetteur des spectacles*, — *la Lorgnette*, — *la Loge de face*, etc., etc.(\*). Son

---

(\*) Ces différents titres sont de pure invention. — Si le hasard nous avait fait employer pour l'un d'eux la désignation d'un journal existant, ce serait à notre insu.

titre lui sert de passeport, et les trois quarts du temps, le public désintéressé dit en parlant de lui :

— Il est bête, mais il n'est pas méchant.

Erreur! — Grossière erreur! — Il est bête, mais il est méchant.

Quant au rédacteur du petit journal, c'est un type infiniment curieux dont nous ne voulons tracer ici qu'un croquis fort léger, notre projet étant de nous étendre sur son compte dans un autre livre où nous mettrons en scène les splendeurs et les misères de la vie littéraire à notre époque.

Au physique, il est généralement maigre et porte des lunettes afin d'abriter son regard faux et sournois.

Ses redingottes, qui n'arrivent guère à lui

que de seconde main, ont des collets luisants et des parements gras et effilés.

Il a conservé l'usage des antiques chapeaux Gibus, qui s'éternisent sur sa tête.

Son linge est sale, et ses gants, (quand il en a), sont noirs.

Notez bien, je vous prie, que nous parlons du *rédacteur*, et non point du *propriétaire*.

Ce dernier, affiche parfois dans sa mise un luxe digne du plus élégant des marchands de cirage anglais, surtout quant aux bénéfices de son journal il ajoute les profits d'une *Agence Dramatique*, ce qui est fréquent.

Au moral, le rédacteur est hargneux, haineux, envieux, vaniteux.—Il n'a pas de talent et il déteste quiconque en a plus que lui.

Les succès d'autrui le désolent, il voudrait

s'accrocher au talon de toute gloire naissante pour l'empêcher de croître et la rapetisser.

Malgré son orgueil il sent son impuissance, et c'est son plus amer chagrin, aussi cherche-t-il à en imposer aux autres et à lui-même sur son passé et sur son avenir d'homme de lettres.

A l'entendre, il a toujours un éditeur tout prêt, — deux romans en quatre volumes enfouis dans les cartons d'un grand journal, — une comédie reçue au théâtre Français, — deux pièces au Palais-Royal et trois aux Variétés.

Les directeurs le craignent, assure-t-il, et comptent avec lui, on va le mettre en répétition la semaine suivante.

Or, la vérité est que le grand homme fait de la *copie* à un sou la ligne, copie dont il ne trouve pas le placement, et s'estime infiniment heureux lorsqu'on lui joue une pantomime aux Funambules ou un vaudeville au *petit Lazary*.

Rien de plus souple du reste que l'échine de ce monsieur, quand quelqu'un lui paye à dîner ou lui prête cent sous qu'il ne rendra jamais. — Il brûle alors tout ce qu'il a d'encens en l'honneur de l'amphytrion..., sauf à *l'empoigner* le lendemain dans son journal.

C'est à cette catégorie de *bohêmes* littéraires qu'appartenaient les invités d'Arsène Bâchu, au milieu desquels nous allons nous transporter.

L'amant de Pivoine avait grandement fait les choses.

Le salon du restaurateur offrait un éblouissant aspect.

Les candélabres chargés de bougie projetaient leurs clartés sur une table couverte d'argenterie et de cristaux, dont les facettes divisaient et renvoyaient comme autant de diamants les étincelles lumineuses.

Auprès de chacun des couverts se dressaient quatre verres de formes différentes, et le champagne achevait de se congeler dans des vases de plaqué de la forme la plus élégante.

Les journalistes, peu accoutumés à toutes ces merveilles, attendaient le héros de la fête, en fumant d'excellents cigares libéralement mis à leur disposition.

Quand Arsène parut il fut accueilli par un *hourrah* des plus bruyants.

C'était à qui le féliciterait, l'embrasserait, le complimenterait.

— Bravo ! — criait-on.

— Vive l'auteur de *Madelinette* !

— Vive le triomphateur !

— Vive le débutant qui commence par un coup de maître !

Etc... etc... etc...

Le jeune Bâchu, rougissant de joie, se rengorgea malgré lui, et répondit avec une feinte modestie :

— Mes amis, mes chers amis... vous êtes trop bons !... trop indulgents... vous me gâtez... je vous remercie mille fois...

Puis, le bout de l'oreille perçant, il ajouta :

— Franchement, vous trouvez donc que ce n'est pas mal ?...

— Pas mal !! — mais c'est charmant !

— Ravissant !!

— Admirable !

— Un petit chef-d'œuvre !

— Plus fort que Scribe et Mazères !

— Que Bayard et Dumanoir !

— Que Duvert et Lauzanne !!

— Que Melesville et Carmouche, et que tous les autres coupletiers dont le nom nous échappe pour l'instant ?

— Ah ! mes amis, — reprit Bâchu, gonflé de joie à en perdre la respiration, — vous me rendez heureux, bien heureux !... trop heureux, car il y a dans vos louanges une exagération manifeste... mais enfin, je les accepte comme témoignage de sympathie...

— Dites d'admiration !

— D'enthousiasme ! !

— Soit, messieurs, soit ! — Mettons-nous à table je vous prie, — nous parlerons de littérature en soupant.

Cette proposition fut accueillie avec une faveur marquée, et chacun s'assit à la place que lui désigna le hasard.

Arsène, comme étant le héros de la fête, occupait le haut bout de la table.

A sa droite siégeait le rédacteur du *Papillon Bleu*, et à sa gauche le fondateur de *la Loge de Face*.

Le premier était un petit jeune homme malingre, aux cheveux rares et huileux, au visage blême et couvert de pustules, — il passait pour spirituel, et sa méchanceté cynique était devenue proverbiale.

Le fondateur de *la Loge de Face* était au contraire un gros garçon de trente ou trente-cinq ans, au teint fleuri et à la barbe rouge, — il parlait beaucoup et très-haut, — il se vantait de charmer les actrices et se plaisait à narrer ses bonnes fortunes.

Sous une apparente bonhomie, ce journaliste cachait une prodigieuse finesse et une *habileté* singulière, — qui l'avaient conduit déjà cinq ou six fois en police correctionnelle.

Tous deux, le jeune homme pâle et le gros garçon rouge, entourèrent Arsène d'une myriade de petits soins et de délicates louanges pendant toute la durée du repas qui fut long, joyeux et bruyant.

Mais, chose étrange, tous deux, comme s'ils eussent été tacitement d'accord pour en agir ainsi, se ménagèrent autant que des convalescents, tandis qu'ils remplissaient sans cesse le verre de leur amphytrion, et l'excitaient à le vider sans relâche.

La petite scène qui va suivre expliquera sans doute à nos lecteurs les puissants motifs de cette sobriété inaccoutumée et intempestive.

Il était quatre heures du matin.

La nappe était jonchée de débris de toutes sortes, et tachée par des vins de toutes les nuances.

Excepté *La Loge de Face* et *le Papillon Bleu* tous les journaux étaient ivres.

Les uns dormaient la tête appuyée sur la

table, — les autres chantaient *l'ode à Priape*, cette honte immortelle d'un homme de génie.

Quelques-uns portaient avec des verres vides les toasts les plus extravagants.

Ceux-ci déclamaient des vers de tragédie.

Ceux-là fumaient conciencieusement des cigares parfaitement éteints.

Le fondateur de *La Loge de Face* appella le garçon qui sommeillait dans un coin et lui dit :

— Donnez-moi du papier, de l'encre et une plume.

Puis il se mit à griffonner.

Pendant ce temps le petit jeune homme maigre poussa le coude d'Arsène qui tutoyait amoureusement une bouteille et lui prodiguait le nom de Pivoine, accompagné des plus tendres épithètes.

— Hein? — demanda Bâchu en se retournant à moitié, — qu'est-ce que tu veux mon chéri?

— J'ai quelque chose à te proposer, mais je crois qu'il vaut mieux remettre cela à demain car tu es gris.

— Allons donc! — répliqua l'amphytrion qui chancelait sur son siége, moi... — gris!!

Marquis, tu railles!!!

« Je suis calme et grave, comme... comme un âne qu'on étrille?... ah! ah! ah!... J'espère qu'elle est jolie... la comparaison... Je la trouve.... littéraire?...

— Elle l'est, sans contredit, et te fait le plus grand honneur.

— Tu en conviens?...

— A l'unanimité.

— Je vois que tu es mon ami... et je t'ouvre mes bras... viens mon ami... jette-toi sur le cœur de ton ami... afin que ton ami t'y presse.

Le journaliste se prêta à cette bacchique accolade et reprit :

— Puisque tu es de sang-froid, écoute-moi donc...

— A la vie à la mort!! dispose de mes deux oreilles... et de toute ma personne...

— J'aborde la question nettement.

— Aborde... à l'abordage!

— Veux-tu être mon collaborateur?

— Toujours !

— J'ai une pièce en trois actes reçue au au Palais Royal.

— Fichtre !

— Dans cette pièce il y a quelques petits changements à faire, — très-peu de chose, — une scène à retoucher, — un ou deux couplets à refondre, — Dormeuil m'a proposé Dumanoir et j'étais au moment d'accepter, mais la représentation de ce soir m'a prouvé de quoi tu étais capable, — je te demande ta collaboration, — tu seras nommé le premier et tu palperas moitié des droits d'auteur qui monteront bien à huit mille francs, — ça-te-va-t'il ?

Cette proposition éblouissante avait, pour une seconde, presqu'entièrement dissipé les vapeurs de l'ivresse dans la tête d'Arsène qui répondit :

— Si ça me va ? — mais certainement que ça me va, et beaucoup.

— Alors c'est dit ! — j'annoncerai demain dans le journal qui tu es mon collaborateur, — je te remettrai le manuscrit et tu feras ton travail à loisir....

— Oui, cher ami... oui... oui... oui...

— *À propos*, fais-moi donc le plaisir de me prêter quinze louis, tu te rembourseras de cette bagatelle sur ma part des droits de notre pièce...

— Mais comment donc... il te faut quinze louis... les voici... puise, mon collaborateur, puise...

Et Arsène tira de sa poche une poignée de

napoléons qu'il avait apportés pour solder l'addition du souper, et sur lesquels le journaliste fit main basse avec avidité.

La première partie de la farce était jouée ; le jeune Bâchu s'assoupit à moitié.

Le fondateur de *la Loge de Face* coupa court à cette somnolence en s'écriant :

— Voilà qui est fini ! !

— Quoi ? — demanda Arsène brusquement réveillé.

— Mon article.

— Quel article, cher amour ?

— Sur ta pièce... et c'est un joli morceau de critique et de style, — veux-tu que je te le lise ?

— Ah ! oui, par exemple ! !

— Voilà ce que c'est ;

Et le gros garçon lut à haute et intelligible voix, sans sourciller et sans rougir, trois colonnes de louanges hyperboliques et plates, — de flagorneries ampoulées, — de lieux communs dont rien ne déguisait la redondante friperie, mais qui flairaient comme beaume aux narines largement ouvertes de l'absurde vanité d'Arsène.

L'ivresse de l'orgueil chatouillé, se mêlant à l'ivresse du champagne, acheva de tourner complétement la tête du pauvre Bâchu, qui certes en ce moment, s'il eut fallu passer sous l'Arc-de-Triomphe de l'Étoile, aurait courbé le front de peur de se heurter aux frises du monument.

— Eh bien, es-tu content? — demanda le journaliste en terminant sa lecture.

— Je le suis. — répondit Bâchu, d'un air impérial.

— Ça passera demain dans le journal.

— J'en retiens quatre mille exemplaires...

— Tu les auras. — *A propos*, rends-moi donc un léger service. — Je suis un peu gêné dans ce moment, et mon marchand de papier refuse de prendre ma signature, endosse je te prie ce petit billet, payable fin du mois... je ferai les fonds, ainsi ça ne te coûtera pas un sou et ça m'obligera.

Arsène saisit une plume et mit son nom et son paraphe au dos du papier timbré que lui présentait son apologiste *désintéressé*.

L'instant d'après les deux journalistes se rejoignirent dans l'embrasure d'une fenêtre.

— La poule est plumée!! — dit le *Papillon Bleu*.

— Et n'a pas crié! — répondit la *Loge de Face*.

— Combien as-tu *fait*?

— *Cinq cents* en un billet à quinze jours de date.

— Et moi trois cents comptant, en or.

— Allons, la soirée n'est pas mauvaise et nous avons fait nos frais.

— En attendant mieux.

Lorsque les forbans littéraires se rapprochèrent après cette conversation édifiante de l'endroit où ils avaient laissé leur proie, Arsène avait disparu, mais un ronflement sonore et régulier annonçait qu'il dormait sous la table.

## CHAPITRE XXVI.

**Fra-Diavolo.**

Le surlendemain du souper, ou plutôt de l'orgie de journalistes à laquelle nous avons fait assister nos lecteurs, et au moment où dix heures du matin sonnaient, il se fit un bruit subit dans le salon qui précédait la chambre à coucher de Pivoine.

La jeune fille dormait encore.

Les persiennes fermées et les rideaux de mousseline blanche doublés d'étoffe rose rabattus devant les fenêtres, entretenaient malgré les clartés du soleil une demie obscurité, et peut-être le sommeil de la jolie comédienne se fût-il prolongé, si le bruit dont nous venons de parler ne l'eut interrompu.

Pivoine agita la clochette qui se trouvait à portée de sa main sur la table de nuit.

La femme de chambre accourut à cet appel.

— Qu'y a-t-il? — demanda Pivoine.

— Ce sont deux commissionnaires qui viennent de la part de monsieur Arsène. — répondit la soubrette.

—Et, qu'est-ce qu'ils veulent?

— L'un apporte un grand chevalet et une boîte en sapin fermée à clef, — l'autre un billet que voici et les habits de théâtre de madame.

— Mes habits de théâtre ! c'est singulier ! — pensa Pivoine, en ouvrant la lettre que sa femme de chambre venait de lui donner.

Cette lettre était d'Arsène et contenait les lignes suivantes :

« Ma chérie,

« Je viens de faire prendre au Luxembourg votre costume de *Madelinette*, — mettez-le ce matin je vous prie.

« Je serai chez vous dans une heure et je vous expliquerai le motif de ce déguisement.

« Je vous embrasse comme je vous aime, c'est-à-dire mille et mille fois. »

Arsène.

— Quelle idée bizarre ! — s'écria la jeune fille, — enfin ! faisons ce qu'il demande, je saurai bientôt le mot de l'énigme.

Et Pivoine, sautant à bas de son lit, commença sa toilette.

A onze heures précises, Bâchu frappait doucement à la porte du salon.

— Qui est-là ? — demanda Pivoine, — est-ce vous Arsène ?

— Oui.

— Eh bien ! entrez.

— C'est que j'ai quelqu'un avec moi. — Êtes-vous prête, et pouvez-vous nous recevoir ?

— Sans doute.

La porte s'ouvrit, et Pivoine eut peine à

contenir un cri de surprise et d'émotion en voyant que le compagnon d'Arsène était précisément le jeune homme qui depuis plusieurs jours la préoccupait si vivement, nous voulons dire son correspondant aérien, — l'hôte de l'avant-scène du Luxembourg, — Fra-Diavolo en personne !

L'artiste, lui, s'attendait sans doute à cette entrevue, car ses traits restèrent calmes tandis qu'il saluait Pivoine, et son regard seul prit une expression passionnée en se croisant avec celui de la jeune fille.

— Ma chère amie, — dit Arsène en désignant du geste Fra-Diavolo, — je vous amène monsieur, un de nos jeunes peintres les plus distingués, qui veut bien se charger de faire pour moi votre portrait, — voilà le motif qui m'a fait vous prier de revêtir ce matin le costume du rôle que vous jouez dans ma pièce.

— Madame n'avait fichtre pas besoin de cela pour être jolie à croquer! — s'écria l'artiste en tordant sa moustache — Parole d'honneur elle *dégomme* les Watteau et les Boucher les plus *chics!* — Si Latour avait eu pour ses pastels des modèles dans ce style-là, *nom d'un petit bonhomme!* nous aurions aujourd'hui des chefs-d'œuvre un peu *chouettes!*

Pivoine sourit et rougit de cette louange à brûle-pourpoint.

Arsène trouva que la phrase du peintre était éminemment empreinte de couleur artistique et locale et se promit de la faire intercaler par Gilbert dans le premier vaudeville qu'il lui commanderait.

— Quand voulez-vous que monsieur commence? — demanda la jeune fille à son amant.

— Mais, quand vous le voudrez vous-même.

— Eh bien ! tout de suite.

— Soit, et si cela vous convient vous donnerez chaque matin séance à monsieur de onze heures à une heure.

— Cela me convient parfaitement.

— Alors c'est décidé ?

— Oui.

— Le jour de cette pièce est-il bon ! — dit Arsène en s'adressant à Fra-Diavolo.

— Exquis ! — répliqua le peintre.

— Il ne s'agit plus que d'installer votre chevalet, je vais vous le faire apporter.

Arsène sortit de la chambre.

L'artiste courut à Pivoine et lui dit rapidement :

— C'est donc vous?... C'est donc toi!... Oh! ange... enfin je te retrouve! Le Ciel en soit béni, car vois-tu, *par Rubens !* je te chéris de terrible façon !

Et joignant le geste aux paroles, il enlaça cavalièrement la taille de Pivoine à qui il vola, malgré sa faible résistance, une demi douzaine de baisers.

— Mais monsieur...! — s'écria la jeune fille en se réfugiant dans un angle du salon,— confuse en apparence, quoiqu'en réalité fort satisfaite des témérités vaillantes de Fra-Diavolo.

—Écoute—reprit ce dernier,—écoute, mon idole, — il ne s'agit ni de faire des phrases, ni de perdre son temps aux bagatelles de la porte, — je t'adore et tu le sais bien, — je suis jeune et j'ai du talent, — aime-moi et j'aurai du génie! — Le bon Dieu a fait les belles filles pour les grands peintres, c'est connu! — Je parierais ma pipe *Indiana* contre une once de *caporal*, que tu détestes ce jobard qui m'a conduit ici! — est-ce qu'on peut aimer une *boule* d'escogriffe pareille à la sienne? — allons-donc! — Plante-le là! — sois la Fornarina d'un nouveau Raphaël, et je te le jure, aussi vrai que je m'appelle Fra-Diavolo, je t'immortaliserai comme la maîtresse de Titien!!

Pivoine allait répondre à cette tirade chaleureuse, mais incohérente, quand Arsène rentra et coupa court par sa présence à l'entretien, qui, ainsi posé, devait marcher fort vite.

La séance commença.

Au bout de deux heures l'esquisse était presqu'achevée, et l'on devinait déjà, sous les lignes heurtées du fusin, les traits enchanteurs de Pivoine.

L'artiste partit, en prenant pour le lendemain un rendez-vous officiel, mais en se promettant bien de revenir clandestinement le soir même.

—

Dans le premier chapitre de la première partie de cette humble étude, nous avons pris l'engagement de donner quelques détails sur les antécédents artistiques de Fra-Diavolo.

Nous allons consacrer à acquitter cette dette un petit nombre de pages.

Robert Friquet, autrement dit *Fra-Diavolo*,

naquit, nos lecteurs le savent, d'une portière de la rue Coquenard.

Pantaléon Friquet son père était un affreux tailleur, bossu et cagneux, lequel, marié depuis six ans à une assez jolie femme, n'avait procréé durant ce laps de temps aucun héritier de sa loge et de ses aiguilles.

Un petit appartement de garçon se trouva vacant dans la maison sur ces entrefaites, et fut loué par un Napolitain superbe, haut de cinq pieds huit pouces, et pourvu d'une barbe noire digne d'un sapeur de la vieille garde.

Ce Napolitain n'avait pas de domestique, et madame Eulalie Friquet se chargea de faire son ménage.

Ceci dura deux mois, puis, à tort ou à raison, le tailleur devint jaloux et défendit à sa femme de remettre les pieds chez le beau locataire.

Madame Friquet fut révoltée des injurieux soupçons de monsieur son mari, elle pleura beaucoup, se désola bruyamment, puis.....

Puis au bout de sept autres mois accoucha d'un garçon.

Et, voyez un peu les mauvaises plaisanteries du hasard !

Eulalie était blonde.

Son mari était roux.

Le petit Robert fut brun.

De cette dissemblance de teintes, le tailleur tira toutes sortes de conclusions biscornues.

Aussi le malheureux enfant arrivait à peine au monde qu'il était déjà détesté.

Détesté par son père qui ne lui pardonnait point ses yeux noirs et ses cheveux d'ébène ;

Détesté par sa mère qui se voyait quotidiennement battue à cause de lui.

Du pain sec à déjeuner, — du pain sec à goûter, — du pain sec à dîner, — de plus le fouet matin et soir, — voilà de quelles roses fut semée l'existence de Robert, durant ses premières années.

Hâtons-nous d'ajouter que, grâce à ce régime, l'enfant devint le plus odieux gamin et le plus *indécrottable* polisson du quartier.

(Le mot *indécrottable* n'est peut-être pas français, mais il est parlementaire : — Voir au *Moniteur* les discours de Sa Majesté Cavaignac 1er, dictateur de l'État de Siége, par la grâce du sabre).

Quand Robert eut atteint l'âge de dix-ans son père parla de l'envoyer à Brest, pour l'embarquer en qualité de mousse sur les navires de Sa Majesté.

L'enfant, à qui la perspective des coups de garcette ne sourit que médiocrement, résolut d'en finir.

Il mit ses meilleurs souliers et sa casquette des dimanches.

Il vola dix francs dans l'armoire de sa mère et quitta pour toujours la loge paternelle.

# CHAPITRE XXVII.

**Fra-Diavolo.**

(*Suite.*)

Certes, le jeune Friquet entrait dans la vie par une mauvaise porte et il y avait fort à parier, qu'abandonné à lui-même dans un âge aussi tendre au milieu des corruptions de Paris, il suivrait tout naturellement cette route facile qui conduit de la police correctionnelle à la cour d'assises et de la cour d'assises au bagne.

Le hasard en avait décidé autrement.

Friquet, durant toutes les années de son enfance n'avait eu d'heures heureuses, n'avait éprouvé de douces jouissances, que lorsqu'il s'arrêtait la bouche béante et les yeux largement ouverts en face des étalages en plein vent des marchands d'*estampes*, ou devant les magasins de vieux tableaux.

Toute figure peinte, tout objet gravé, avait pour lui un prodigieux attrait, et souvent, un morceau de charbon à la main, il essayait de reproduire sur quelque muraille les traits principaux des dessins qui l'avaient le plus vivement frappé, dans ses pérégrinations à travers les passages ou sur le bord des quais.

Les procédés mécaniques de la peinture à

l'huile l'intéressaient surtout au plus haut point, et, sitôt qu'il se fut rendu par sa fuite maître de tout son temps, il consacra la plus grande partie de ses journées à courir les rues de Paris, jusqu'à ce qu'il eut rencontré un peintre d'attributs, ornant de *schakos* et *d'épaulettes* la devanture d'un magasin de chapeaux; ou de *saucisses* et de *hures de sanglier* la boutique d'un charcutier.

Dès qu'il avait trouvé son homme il s'établissait auprès de lui, et, muet d'admiration, haletant de curiosité, il regardait le mélange des couleurs sur la palette et observait la manière de les répartir et de les nuancer avec le pinceau.

Quand la faim se faisait sentir Friquet gagnait les boulevards, ouvrait quelques portières de fiacres, obtenait quatre ou cinq sous, achetait du pain, des pommes de terre frites, du fromage d'Italie, ou un cervelas à l'ail et dînait comme un roi.

La nuit il couchait dans des maisons en démolition, dans des fours à plâtre, ou dans les carrières de Montmartre..

Pendant deux années environ, Friquet mena cette vie inutile et oisive, mais fort innocente.

A cette époque, il était malgré ses cheveux en désordre et sa blouse en lambeaux le plus joli enfant qu'il fut possible d'imaginer.

Un beau jour le jeune garçon s'arrêta devant une boutique de marchand de vin, faisant l'angle de la rue de Beaune et de la rue de Lille.

Un *artiste* décorateur s'occupait à figurer

sur la devanture les plus merveilleux attributs.

C'étaient d'abord une série de petits écussons environnés de pampres verts et de fruits vermeils, — sur leur fond bleu se détachaient en lettres d'or ces mots : *Beaune*, — *Nuits*, — *Volnay*, — *Pomard*, — *Chambertin*, — *Romanée*, — *Champagne*, — *Saint-Georges*, — *Saint-Julien*, — *Médoc*, — *Tavel*, — *Sauterne*, — *Lunel*, — *Lafitte*, — etc.,

Ces écussons servaient d'encadrement à des cartouches plus vastes, dont chacun était un véritable tableau, de *genre*, ou de *nature morte*.

Ici, de joyeux Flamands trinquaient dans une guinguette enfumée.

Là, d'élégants officiers de hussards, embrassaient de jolies filles tout en décoiffant des flacons de vin d'Aï.

Plus loin des bourriches éventrées laissaient, comme des cornes d'abondance, s'échapper de leurs flancs les huîtres qu'elles recélaient.

De ce côté, des biscuits, des punchs flambants, et bien d'autres choses encore.

Enfin, tout en haut et pour couronner l'œuvre, un Silène rebondi, à cheval sur un tonneau, faisant ruisseler dans une coupe de cristal le jus d'une grappe de raisin.

Au moment de l'arrivée de Friquet, l'artiste donnait les derniers coups de pinceaux aux grains appétissants de ce raisin doré.

Après une demi-heure de travail il descendit de son échelle et se recula de quelques pas pour juger de l'effet général.

Il apperçut alors le jeune garçon dont les yeux pétillaient d'enthousiasme.

Cette muette et naïve sympathie flatta singulièrement l'artiste.

— Comment trouves-tu ça ? — demanda-t-il à Friquet.

— Oh! c'est bien beau m'sieu ! — répondit ce dernier.

— Le fait est que ça peut passer pour de l'ouvrage *ficelé!* — reprit le décorateur, — tu n'en férais pas autant, hein, mon garçon ?

— Moi m'sieu ?

— Oui, toi ?

— Oh! j'crois qu'si !

L'artiste se figura qu'il avait mal entendu.

— Qu'est-ce que tu dis ? — s'écria-t-il.

— J'dis : que j'crois qu'si, m'sieu.

— Tu plaisantes ?

— Non, m'sieu.

— Par exemple je serais curieux de voir cela.

— Il ne tient qu'à vous, et si vous voulez j'vais essayer.

— Je le veux bien, blanc-bec, essaye.

Friquet atteignait ainsi le but de ses plus ambitieux désirs.

Toucher une palette, manier des couleurs, c'était le rêve de sa vie.

Il prit les pinceaux et, profitant de sa longue expérience *théorique*, il ébaucha, fort hardiment ma foi, sur un bout de volet, une feuille de vigne et une grappe de raisin.

Ce n'était point parfait sans doute, mais c'était au moins passable.

Le peintre n'en croyait point ses yeux, mais, une fois la première surprise dissipée, il se dit que cet enfant précoce lui pouvait devenir très-utile; — il ne fallait pour cela que lui donner quelques leçons et s'en faire aider par la suite dans ses travaux, moyennant une rétribution légère.

Il le questionna sur sa famille, et le sachant indépendant il lui proposa de le prendre avec lui.

Friquet, comme bien on pense, accepta avec empressement.

Trois ans après l'enfant, devenu jeune homme, était l'un des plus habiles peintres d'attributs, de Paris et de la Banlieue.

Pour expliquer ce qui va suivre nous sommes obligés d'entrer, relativement à l'art, dans quelques considérations d'un ordre assez élevé.

Il y a dans toute œuvre artistique deux côtés bien distincts, — celui de la conception intelligente et celui de l'exécution matérielle.

Autrement dit et en deux mots, il y a la *pensée* et la *forme*.

Pour quelques artistes, chez lesquels la *pensée* est créatrice et puissante, la *forme* fait défaut, — la *main* trahit *l'esprit* et ne parvient point à rendre exactement sur une toile, ni à faire jaillir d'un bloc de terre glaise le tableau ou la statue longtemps rêvés.

Pour certains autres, au contraire, la palette est toujours docile, l'ébauchoir n'a point de rigueurs, mais la pensée féconde est absente, et, quand on étudie les œuvres produites, on ne trouve ni originalité, ni inspiration, sous les brillants dehors d'une exécution irréprochable.

Donnez un beau modèle à ces artistes prétendus, ils le reproduiront avec une désespérante exactitude, — ils sauront imiter la *manière* de toutes les écoles, — les procédés de tous les maîtres. — Ils sont copistes, mais non créateurs.

C'est dans cette dernière catégorie qu'il fallait ranger Robert Friquet.

Il était arrivé rapidement à une grande habileté de *faire*, il possédait tout ce qu'on est convenu d'appeler les *ficelles* du métier, et il obtenait des résultats mécaniques assez remarquables sans contredit, pour attirer l'attention des connaisseurs, ce qui ne manqua point d'arriver, et ce qui fût d'ailleurs plus nuisible qu'utile à la carrière du jeune homme.

Voici pourquoi et voici comment.

Un peintre d'histoire, de quelque talent et d'une certaine réputation, voyant un jour Robert Friquet à l'œuvre, fut charmé de la beauté de sa couleur et de la franchise de sa touche.

Il crut pour lui à un avenir artistique des plus brillants, — il lui offrit ses conseils et une place gratuite dans l'atelier de ses élèves.

Dès le lendemain, le jeune peintre enchanté s'installait en effet au milieu d'une douzaine de futurs grands prix de Rome.

C'est parmi les *charges* d'atelier que lui fût décerné le sobriquet de *Fra-Diavolo*, qui, parla suite d'une longue habitude, devint plus connu que son véritable nom.

Mais hélas, en quittant les *attributs* pour la haute peinture, Fra-Diavolo avait échangé une aisance certaine contre une infaillible misère.

Le talent, qui faisait l'admiration des boutiquiers et des badauds alors qu'il se formulait en *enseignes* et en *ornements*, ne fut plus et ne devait plus être que très-médiocrement apprécié quand il voulut monter dans la sphère de l'art véritable.

Après deux nouvelles années d'études, le jeune peintre, trop orgueilleux de son génie et trop fier de soi-même pour retourner aux travaux en plein vent, œuvres vulgaires, mais grassement payées, mit le pied dans la vie de privations et de misère, dont tous les artistes, inconnus ou méconnus, doivent subir les douleurs et les fréquents martyrs.

Fra-Diavolo, du reste, grâce à l'insouciante légèreté de son caractère, supporta mieux qu'un autre les épreuves de cette existence, durant laquelle bien souvent le travail du jour ne suffit point au pain du lendemain.

Grâce à de petits tableaux, colportés chez les juifs et vendus à vil prix, grâce à quelques copies commandées, et grâce surtout à un assez grand nombre de portraits qui lui valurent une sorte de célébrité, le jeune artiste parvint à vivre, tant bien que mal, et à faire vivre avec lui son rapin Olibrius.

Tel était le passé de Fra-Diavolo au moment où nous avons eu l'honneur de le présenter à nos lecteurs.

## CHAPITRE XXVIII.

**Une scène d'atelier.**

Fra-Diavolo, après la première représentation de *Madelinette* avait quitté le théâtre du Luxembourg, le cœur percé d'outre en outre et la tête complètement à l'envers.

Comme peintre et comme homme, au point de vue de la *forme artistique* aussi bien qu'à celui du *désir amoureux*, il était doublement épris de la comédienne.

Il rentra donc chez lui dans un violent état de surrexcitation érotico-nerveuse, il oublia de souper, se coucha, mais ne put s'endormir, et, après une nuit des plus blanches, il quitta son atelier dès six heures du matin pour aller demander au concierge du théâtre l'adresse de Pivoine.

Le cerbère, dont Arsène rétribuait la discrétion, reçut fort mal le questionneur indiscret, qui se vit contraint d'aller promener ses rêveries amoureuses dans les allées du Luxembourg, jusqu'au moment où il fut reconduit instinctivement vers son logis par l'heure du déjeuner.

Dans l'après-midi, Fra-Diavolo mit sous son bras une petite pochade à demi terminée qu'il retrouva dans un coin et qu'il porta chez un brocanteur du quai Voltaire, digne israélite qui en fit l'acquisition, moyennant la somme modique de cinq francs.

Grâce à ce subside, Fra-Diavolo put reparaître le soir dans l'avant-scène qu'il occupait la veille.

A son aspect Pivoine devint écarlate, et, durant tout le cours de la représentation, elle répondit à ses regards brûlants par des œillades pleines de promesses.

Le peintre, convaincu dès lors que le billet anonyme, le bouquet mystérieux et le coupon de loge, venaient de l'actrice, — sûr par conséquent de sa bonne fortune future, songea à en brusquer le dénouement.

Pour cela faire, aussitôt après la chute du rideau il sortit de son avant-scène, et s'en alla guetter à la porte des acteurs le passage de la jeune fille.

Pivoine ne se fit point attendre, mais, hélas! Arsène Bâchu l'accompagnait, et cette fois il ne la laissa point rentrer seule.

Fra-Diavolo, furieux de désappointement et de jalousie, resta dans la rue, les yeux fixés sur la maison qu'habitait son idole.

Il vit bientôt s'éclairer les fenêtres du cinquième étage, et, connaissant désormais le logis de l'actrice, il se promit de chercher dès le jour suivant un moyen ingénieux pour entrer en relations avec elle.

Nous ne savons s'il eut trouvé facilement ce *moyen ingénieux*, toujours est-il qu'il n'en eut pas besoin.

Le lendemain, sur les neuf heures, au moment où Fra-Diavolo et Olibrius déjeunaient de façon frugale, on heurta doucement à la porte de l'atelier.

— Olibrius... — dit l'artiste.

— Qu'y a-t-il, maître ? — demanda le rapin.

— Je crois qu'on frappe.

— Je le crois aussi, — faut-il ouvrir?

— Sans doute, mais d'abord assure-toi que ce n'est point un *anglais* qui nous vient dans un but hostile.

Olibrius marcha sur la pointe du pied jusqu'à la porte et appliqua son œil contre une étroite ouverture, pratiquée dans la cloison à cette fin de laisser reconnaître les visiteurs avant de les introduire, — le sanctuaire restant hermétiquement clos pour la cohorte des créanciers, autrement désignés par le pseudonyme d'*anglais*.

Ceci fait il revint auprès de l'artiste.

— Eh bien ? — demanda ce dernier.

— Figure inconnue.

— Masculine ?

— Oui, — c'est un monsieur bien couvert et qui a l'air bête.

On frappa pour la seconde fois.

— Hâte-toi d'ouvrir, Olibrius, — c'est sans doute un *Mécène* qui vient pour une commande.

Olibrius obéit, et Fra-Divolo tressaillit à l'aspect de l'arrivant, lequel n'était autre qu'Arsène Bâchu en personne.

On se souvient que le jeune vaudevilliste avait été désigné devant le peintre par les étudiants ses voisins d'avant-scène, et que la veille encore il l'avait apperçu ramenant Pivoine chez elle.

— Que diable, peut-il me vouloir ? — pensa Fra-Diavolo, — saurait-il déjà quelque chose... mais non, c'est impossible puisqu'il n'y a rien encore...

Arsène fit deux pas et dit en saluant :

— Monsieur Fra-Diavolo, je vous prie ?

— C'est moi, monsieur.

— Artiste ?

— Pour vous servir ?

— Et peintre d'un grand mérite.

— Heu ! heu !... — dit Fra-Diavolo qui se rengorgea, — quelques personnes ont l'indulgence de le supposer...

— Et elles ont raison, — poursuivit Bâchu en s'approchant du chevalet et en regardant l'ébauche du satyre et de la nymphe endormie, ébauche dont nous avons déjà parlé, — voilà un petit tableau qui est gaillard et dont je m'arrangerais volontiers.

— Donnez-vous donc la peine de vous asseoir...! — Olibrius, avancez une chaise à monsieur.

— Je suis un admirateur enthousiaste des beaux arts, — reprit Arsène, — moi-même je cultive les lettres et je les regarde comme sœurs de la peinture...

— Ah!... monsieur est écrivain...!

— Mon Dieu oui.., j'ai publié quelques livres fort goûtés du public... un entre autres, *les Trois Pendus,* roman en quatre volumes dont mon éditeur met sous presse en ce moment la deuxième édition... aujourd'hui je fais des vaudevilles, et j'ai obtenu avant-hier encore un joli succès au théâtre voisin...

— Est-ce que vous seriez par hasard l'auteur de *Madelinette?* — demanda Fra-Diavolo, qui savait parfaitement à quoi s'en tenir.

— Oui monsieur, — répondit Arsène.

— Ah! sac à papier, laissez-moi vous complimenter! — s'écria le peintre en jouant l'enthousiasme, et en s'emparant de la main de Bâchu, qu'il broya vigoureusement entre les siennes — J'ai vu votre pièce et, *nom d'un petit bonhomme!* je ne connais rien de cette force là!!! — vous devriez bien donner un billet à Olibrius à qui j'en parle depuis deux jours... hein, Olibrius?

— Oh! ça oui que vous m'en parlez! — répliqua vivement le rapin, qui comprit que son maître avait un intérêt quelconque à se mettre au mieux avec le voisin — vous ne pensez plus qu'à cette pièce là, même que ça en devient une *scie* !!

— Va la voir, et tu m'en diras des nouvelles.

Arsène, rayonnant, tira de son portefeuille un des coupons dont il était toujours muni et l'offrit à Olibrius qui ne se fit point prier pour l'accepter.

— Voilà qui est bien, — reprit alors l'amant de Pivoine, — je suis très-heureux *mon cher artiste* de vous avoir fait passer quelques moments agréables, mais causons un peu je vous prie, du sujet qui m'amène...

— Parbleu! causons en, et causons en beaucoup, — je suis certain d'avance que nous nous entendrons.

— Ce n'est pas douteux. — Je viens pour un portrait.

— Ah! ah!

— Un joli portrait....

— Le vôtre?

— Ceci est méchant!!!

— Pas du tout, vous avez une tête expressive... un type *chiqué!!* j'aimerais à croquer votre *boule*.

— Ça viendra sans doute plus tard, mais commençons par le plus pressé...

— C'est juste.

— J'ai une maîtresse...

— Vous en êtes fichtre bien capable....

— Une maîtresse d'une fort remarquable beauté...

— Je vous en fais mon compliment.

— Mais j'y songe, vous la connaissez.

— Moi ?

— Vous-même.

— C'est particulier !

— Du tout, c'est tout naturel, puisque vous avez vu *Madelinette*...

— Comment — interrompit Fra Diavolo avec une feinte surprise, — est-ce que ce serait *Pivoine* ?

— Elle-même.

— Ah ! *mon cher auteur*, vous êtes un homme heureux ! — Par Rubens, c'est une merveille que cette fille-là !

— Un artiste doit ambitionner de reproduire des traits pareils, n'est-ce pas ?

— Nom d'une pipe, je le crois bien !

— Réjouissez-vous alors, car c'est Pivoine que vous peindrez.

Tandis qu'Arsène prononçait ces dernières paroles, Fra-Diavolo, qui jusqu'à ce moment n'avait pu coire complétement au fortuné hasard qui l'amenait à son but d'une façon si prodigieuse et si invraisemblable, se sentit devenir cramoisi comme s'il eut été frappé d'un subit coup de soleil.

Bâchu, sans s'appercevoir de l'émotion du peintre, continua ainsi :

— Je vous suis adressé par un journaliste de vos amis, Bazile Pitou, lequel m'a dit que vos prétentions seraient modérées. — De la plume au pinceau il n'y a que la main, aussi je compte que vous me traiterez en confrère.

— Quel sera le prix du portrait en question?

— Le prix...? — balbutia Fra-Diavolo qui n'était point encore remis de son trouble.

— Oui.

— Ce sera... Ce que vous voudrez...

— Point du tout, je désire que nous fixions un chiffre.

— Soit... quelle doit-être la dimension de la toile?

— Celle-ci, — répondit Arsène en désignant un châssis appuyé contre le mur. — C'est, je crois, à peu près le quart de grandeur naturelle. — Vous peindrez ma maîtresse en pied, et dans le costume de son rôle.

— Trouvez-vous mon idée ingénieuse?

— Ravissante!

— Traitons donc vite la question d'argent, — combien voulez-vous?

— Deux cents francs, dit le peintre.

— Diable! que c'est cher...

— Oh!!

— Non pas certes pour votre talent, mais pour ma bourse.

— Alors, mettons cent cinquante francs, et n'en parlons plus.

— Voilà qui est dit, — quand pouvez-vous commencer?

— A l'instant.

— Combien vous faudra-t-il de séances?

— Quinze, — répondit Fra-Diavolo qui songeait à se ménager de nombreuses entrevues, — et encore, ça dépassera peut-être ce nombre à cause des accessoires.

— Très-bien. — Je vais vous envoyer un commissionnaire à qui vous remettrez votre chevalet et vos ustensiles, et dans une heure je viendrai vous prendre.

— Vous me trouverez prêt.

— A bientôt, *mon cher artiste.*

— A bientôt !

A peine Bâchu avait-il refermé la porte derrière lui, que Fra-Diavolo se mit à exécuter dans son atelier une danse si excentrique et si véhémente, qu'Olibrius le crut tout d'abord atteint d'un accès de folie furieuse.

Mais quelques paroles d'explication suffirent pour le mettre au fait, et il fit chorus avec son maître en dessinant à son tour les poses les plus fantastiques d'un cancan échevelé, et en chantant, ou plutôt en criant à tue tête :

> Et d'*autor* et d'*achar*
> Enfoncé le jobard !

. . . . . . . . .
. . . . . . . .

## CHAPITRE XXIX.

**Le flagrant délit.**

A l'heure dite Arsène vint chercher Fra-Diavolo et l'emmena chez Pivoine, réalisant ainsi cette situation, féconde en vaudevilles, du mari peu clairvoyant qui fait la courte échelle au galant de sa femme.

Nos lecteurs connaissent les détails de la première entrevue du peintre et de l'actrice.

Ils doivent se souvenir que, sitôt la séance terminée, Fra-Diavolo quitta la maison de la rue Madame, mais en se promettant bien d'y revenir avant le lendemain.

En effet l'artiste, au lieu de retourner chez lui, s'embusca dans un petit café qui fait face au théâtre Bobino, et épia la sortie d'Arsène qui ne tarda point à quitter Pivoine et à s'éloigner par l'une des grilles du Luxembourg.

Fra-Diavolo le vit passer, — s'élança dans l'escalier, — franchit les cinq étages, et, sans se donner le temps de reprendre haleine, mit la sonnette en branle.

La femme de chambre était absente.

Pivoine, croyant reconnaître le coup de cloche du maître, supposa qu'Arsène avait oublié quelque chose et vint ouvrir elle-même.

A la vue de l'artiste elle s'écria vivement :

— Vous, monsieur !!

— Toujours ! — répondit Fra-Diavolo qui entra et referma la porte.

— Que me voulez-vous je vous prie...? — il n'est pas l'heure, ce me semble, de continuer mon portrait... et d'ailleurs je suis seule...

— Tant mieux !

— Comment... Tant mieux ?

— Oui ! — cent fois oui ! — c'est parce que je vous savais seule que je suis venu... j'ai beaucoup de choses à vous dire, — beaucoup, — beaucoup, — et de ces choses, ô Pivoine, qui réclament le *huis clos* le plus absolu...

Tout en parlant l'artiste ouvrit la porte du

salon et poussa légèrement la jeune fille pour la faire entrer la première.

— Mais... monsieur... — balbutia Pivoine, troublée tout à la fois par un commencement de crainte et par un éclair de pudeur — mais monsieur... — répéta-t-elle encore.

— Venez, — répondit Fra-Diavolo, — venez de bonne grâce, ô mon ange, ou, par Rubens, je vous emporterai!!!

Et, comme la jeune fille semblait hésiter encore, il la souleva dans ses bras en effet, traversa le salon et arriva dans la chambre à coucher.

Pivoine se débattit durant ce trajet, mais si peu qu'on eut dit qu'elle ne résistait que pour la forme.

Pivoine cria, mais si doucement qu'on

aurait pu jurer qu'elle mourait de peur d'être entendue.

Combien ne voit-on pas de vertueuses défenses qui sont semblables à celle-là ?

L'entretien, commencé dans la première pièce, fut repris en ces termes dans la chambre à coucher :

. . . . . . . . . . . . . . . .
. . . . . . . . . . . . . . . .
. . . . . . . . . . . . . . . .
. . . . . . . . . . . . . . . .
. . . . . . . . . . . . . . . .

———

Lorsque Pivoine se retrouva seule après quelques instants d'une rapide et brûlante ivresse, elle se sentit prise d'un amer chagrin et se mit à pleurer.

Pourquoi ?

Parce qu'elle comprit qu'elle venait de faire un pas immense sur le grand chemin de la honte.

Parce qu'elle se dit, que jusqu'à ce jour elle n'avait donné à aucun homme le droit d'insulte et de mépris, et que ce droit, Arsène venait de l'acquérir.

Parce qu'une voix, enfin, lui cria que faire deux parts de son corps, *donner* l'une et *vendre* l'autre, c'était se prostituer à celui qui achetait.

Certes Pivoine, depuis qu'elle avait vécu au milieu de la joyeuse démoralisation du Quartier-Latin, avait dû perdre, et avait en effet perdu l'habitude d'envisager ces graves questions au point de vue de la morale.

Et cependant, au début d'une situation nouvelle et de plus en plus fausse, les chastes enseignements de son obscure enfance se réveillaient à demi, et tout ce qu'il y avait encore d'honneur dans son âme se révoltait pour la dernière fois.

Aussi elle pleura beaucoup.

Ce bon mouvement fut vif et sincère, mais court.

Pivoine se souvint qu'avant de s'appartenir à elle-même, elle appartenait au public.

Elle se rappela qu'elle était comédienne et que les comédiennes ne doivent pas pleurer, car les larmes rougissent les paupières.

Or, le parterre n'applaudit que les yeux brillants.

Aussi Pivoine essuya ses pleurs.

Puis elle sourit à la glace qui lui renvoyait son image, afin de voir si son sourire était toujours joyeux et franc.

Ensuite elle se mit à chanter pour s'assurer que son accès de chagrin passager n'avait point altéré sa voix.

Enfin, et par gradations insensibles, elle en arriva à trouver fort ridicules les murmures de sa conscience, et elle rit aux éclats de ce qui, l'instant d'avant, la faisait pleurer.

D'ailleurs elle aimait Fra-Diavolo.

Elle l'aimait de cet amour sensuel, particulier aux femme déjà corrompues mais non encore blasées.

Elle l'aimait surtout en raison de cet instinct fatal, en raison de ce vertige insensé, triste héritage de nos premiers parents, qui poussait Eve, notre mère, à jouer le Paradis contre le fruit défendu.

Fra-Diavolo, cependant, revenait depuis quinze jours et le portrait de la jeune fille, en tout semblable à la tapisserie classique de madame Pénélope, n'avançait que bien peu.

Ceci tient à ce que l'artiste détruisait, durant la séance du soir, l'ouvrage qu'il avait produit pendant celle du matin.

Les deux amants étaient heureux d'ailleurs, et, s'épuisant en voluptés d'autant plus brûlantes qu'elles étaient plus illicites, s'endormaient dans une sécurité trompeuse.

Arsène était trop orgueilleux pour être défiant.

Fra-Diavolo, matériel et grossier, ne comprenait rien aux délicates susceptibilités de l'amour et acceptait le mieux du monde un partage qui lui donnait la jouissance d'une jolie femme dont un autre conservait les charges.

Le hasard seul avait amené les choses à ce point, c'est au hasard qu'il appartenait de démolir ce qu'il avait bâti.

Pivoine, fatiguée par les représentations consécutives de *Madelinette*, avait obtenu de son directeur une soirée de relâche.

Fra-Diavolo prévenu d'avance avait attendu le départ d'Arsène, lequel, éconduit par la jeune fille sous un prétexte de migraine, venait de partir pour l'Opéra.

L'artiste était alors monté, Pivoine l'avait caché derrière les rideaux de son lit et elle venait de renvoyer sa femme de chambre, avec la mission de porter une lettre tout en haut de la rue Notre-Dame-de-Lorette et d'attendre la réponse.

Le couple amoureux pouvait, on le voit, compter au moins sur deux heures de tête-à-tête.

Toutes les précautions étaient prises et Pivoine avait même eu le soin de pousser les verroux intérieurs de la porte d'entrée.

Nul danger ne semblait pouvoir atteindre nos deux tourtereaux, et pourtant...

Mais n'empiétons pas sur le récit des faits.

Arsène était arrivé déjà à la place Saint-Sulpice.

Là, et au moment de monter dans une voiture de place, il s'apperçut qu'il avait laissé sa bourse sur la cheminée de Pivoine.

Il revint à la rue Madame.

A deux cents pas de la maison il rencontra la femme de chambre.

— Vous sortez, Justine? — lui demanda-t-il?

— Oui monsieur, madame m'envoye *en commission*.

— Est-elle toujours aussi souffrante?

— Elle se plaint beaucoup de sa migraine et je crois qu'elle va se coucher.

— Avez-vous la clef du petit passage?

— Oui monsieur.

— Donnez-la moi, comme ça je ne dérangerai pas madame.

— La voici monsieur.

Arsène continua sa route.

L'appartement de Pivoine, comme presque tous les logements de Paris avait deux issues, la grande entrée, et l'entrée du dégagement ouvrant d'un côté dans la cuisine et de l'autre sur le carré.

La porte de cette dernière n'avait qu'une seule clef, laquelle venait de passer, de la poche de Justine dans les mains du jeune Bâchu.

Arsène monta.

Il ouvrit sans bruit.

Il entra dans le couloir, — puis dans la cuisine d'où il gagna l'antichambre et le salon.

Là, surpris et presqu'ému, il s'arrêta pour écouter.

Il lui semblait entendre le murmure de deux voix, murmure brisé, — alternatif,—

et coupé souvent par un bruit qui ressemblait à celui d'un baiser.

Mais sans doute c'était une erreur.

Arsène se rapprocha de la cloison et écouta de nouveau.

Les rumeurs devinrent plus distinctes.

Il n'y avait point à s'y tromper, on s'embrassait dans la chambre à coucher.

Arsène ouvrit brusquement la porte et il vit...

Il vit Pivoine et Fra-Diavolo dans la moins équivoque de toutes les positions, — comme dit monsieur le chevalier de Faublas de gaillarde mémoire.

On eut dit la vignette de certain conte un

peu libertin du bonhomme la Fontaine :
*les Deux Bâts.*

L'analogie était d'autant plus frappante que dans le conte, comme dans la réalité, il s'agissait d'un peintre et de son modèle.

Arsène, en face de ce tableau vivant et inattendu, restait debout, les yeux hébétés, les bras ballants, la bouche béante, ne sachant s'il devait avancer ou reculer, n'ayant point en un mot l'instinct de sauver pour lui-même l'effroyable ridicule de la situation.

Pivoine, dès l'apparition de son *protecteur*, avait poussé un grand cri et s'était évanouie.

Fra-Diavolo, lui, ne perdit pas la tête, — il songea à tirer bon parti des *charges* de mauvais goût et du cynique aplomb qui s'apprennent dans certains ateliers, et s'avançant vers Arsène d'un air goguenard et provoquant, il lui dit :

— Donnez-vous donc la peine d'entrer, *mon cher auteur*, et de prendre une chaise. Ne vous gênez pas, Par Rubens ! — faites comme chez vous !... Vous m'obligerez...

Arsène en entendant ces paroles sembla se réveiller, — il jeta à son heureux rival un regard foudroyant, — il enfonça son chapeau jusqu'à ses yeux, — tourna sur les talons, — et sortit de l'appartement, en fermant les portes après soi assez violemment pour les briser.

## CHAPITRE XXX.

**Encore Arsène.**

Il nous faudrait bien des pages et bien des chapitres pour mettre nos lecteurs au courant de tout ce qui se passa dans la tête du jeune Bâchu après qu'il eut surpris Pivoine en flagrant délit de *conversation criminelle*, comme disent pudiquement nos voisins d'outre-mer.

Bornons-nous donc à une très-courte analyse de ses sensations multiples.

D'abord il rêva quelque vengeance éclatante.

Il songea à provoquer Fra-Diavolo et à se battre en duel avec lui.

Mais, toute réflexion faite, il renonça bien vite à ces idées belliqueuses dont l'éloignaient invinciblement deux considérations principales :

La première, c'est qu'il n'était rien moins que brave.

La seconde, c'est qu'après avoir réfléchi longuement sur l'inégalité des conditions humaines, il lui semblait absurde de jouer dans les hasards d'un duel sa position heureuse et ses huit mille livres de rentes, contre la misère habituelle et l'existence précaire de l'artiste.

L'idée du combat bien et dûment écartée, Arsène pensa à rompre de façon bruyante et scandaleuse avec sa perfide maîtresse, — à lui reprendre tout ce qu'elle tenait de lui, et même à la mettre à la porte de son appartement.

Mais là encore il se trouva arrêté, — arrêté par l'amour propre ce mobile déterminant de presque toutes ses actions.

Il réfléchit qu'une rupture ainsi affichée mettrait nécessairement le public dans la confidence de sa fâcheuse aventure, et que ses amis lanceraient à qui mieux mieux force brocards sur son triste personnage de protecteur dupé.

Enfin dans son for intérieur il commenta deux vers célèbres qu'il s'appliqua avec une variante :

Le bruit est pour le fat, la plainte et pour le sot,
L'*homme d'esprit* trompé, s'éloigne et ne dit mot...

Et, quoique superlativement *sot* et *fat*, il résolut de se montrer *homme d'esprit* dans cette circonstance.

En conséquence il ne souffla mot de ses infortunes quasi-conjugales, et s'abstint seulement de retourner chez Pivoine.

Quand quelqu'un de ses amis lui parlait de la jeune fille il se contentait de répondre :

— Pivoine! ah oui!... J'avais pris cette petite pour la *lancer*, c'est tout ce que je voulais, — aujourd'hui je ne m'en occupe plus!.. — on a mieux que cela, mon cher!!

Et un geste, qu'Arsène croyait des plus régence, ne manquait point d'accompagner cette redomontade Don-Juanesque.

Cependant le jeune homme songeait à se dédommager par les triomphes littéraires de la catastrophe de ses amours.

Il se souvint que son ami le rédacteur du *Papillon-Bleu*, tout en lui empruntant quinze napoléons, lui avait offert la collaboration facile et fructueuse d'une pièce en trois actes reçue au Palais-Royal.

A deux ou trois reprises il passa chez cet ami sans le rencontrer.

Il lui écrivit pour lui demander le manuscrit en question et ne reçut pas de réponse.

Enfin, de guerre lasse, il alla au théâtre et s'informa au secrétariat.

On ne savait ce qu'il voulait dire, mais on l'engagea à revenir le lendemain.

Il n'y manqua point et on mit alors sous

ses yeux une note de M. Dormeuil, constatant que le rédacteur du Papillon-Bleu n'avait eu de rapports récents avec la direction que pour se voir retirer ses entrées, son journal attaquant systématiquement l'administration qui lui refusait des billets, depuis qu'elle avait appris qu'il en faisait un ignoble trafic.

Arsène comprit qu'il était volé, — il se mordit les lèvres et prit son parti.

Mais hélas, un autre déboire l'attendait,— une nouvelle épée de Damoclès allait se suspendre sur sa tête.

Au moment où il allait remonter chez lui, (notons en passant que c'était le 30 du mois), son portier le prévint qu'on était venu dans la matinée toucher le montant d'un effet de cinq cents francs, — le porteur, qui du reste paraissait singulièrement mécontent de ne pas trouver les fonds tout prêts, avait laissé son adresse.

Arsène jeta les yeux sur le nom qu'on lui présentait. — Ce nom lui était totalement inconnu.

— Il y a erreur, — répondit-il au portier, — je n'ai souscrit aucun billet et sans doute quelque ressemblance de signature m'a fait prendre pour un autre.

Le lendemain, vers les onze heures et au moment où il allait sortir, sa domestique vint le prévenir qu'on l'attendait au salon.

Il passa dans cette pièce et se trouva face à face avec un monsieur bien mis, cravatté de blanc, rasé de frais, — l'air souriant, la bouche en cœur, et tenant un grand portefeuille sous son bras gauche.

— Est-ce à monsieur Arsène Bâchu que j'ai

l'honneur de parler? — demanda l'inconnu.

— Oui monsieur.

— Monsieur devine sans doute ce qui m'amène?

— Non monsieur.

— Ah! c'est juste, — mais voici ma carte.

Cette carte, élégante et coquette, portait sur son carton-porcelaine en lettres microscopiques, ces mots :

PHILIDOR EXECUTIF,
huissier.

— Maintenant vous comprenez, je pense... — ajouta Philidor avec un sourire de plus en plus mielleux.

— Pas davantage.

— C'est étonnant!

— Expliquez-vous, je vous prie.

— Je viens monsieur pour avoir l'honneur de vous dénoncer un *protêt*, faute de payement d'un petit effet de cinq cents francs.

— Ah! très-bien!!

— Vous y êtes?

— C'est-à-dire que le logogryphe d'hier continue. — Je n'ai signé aucune espèce de billets.

— Ah! diable!! — cependant monsieur, voici bien votre nom, et à moins que la signature ne soit fausse, auquel cas vous feriez bien de former une plainte immédiate...

— Voyons un peu... — interrompit Arsène.

L'huissier, plein de confiance et de bons procédés, communiqua sans conteste le chiffon de papier timbré, et après une seconde d'examen le jeune Bâchu vit se dessiner comme à travers une brume, le souvenir de l'endos accordé si légèrement au fondateur de *la Loge de Face*, dans la nuit de l'orgie des journalistes.

— Eh bien, reconnaissez-vous votre griffe? — demanda Philidor.

— Oui, mais je n'ai signé que pour obliger un ami qui m'avait promis de payer à l'échéance.

— Ceci ne me regarde en rien. — Vous êtes endosseur, vous devez payer, et j'ai le regret de vous dire que je me verrai forcé de faire le protêt si vous n'acquittez point cette valeur.

— Faites, monsieur, — je refuse positivement de payer.

Après cette déclaration précise il ne restait à l'officier ministériel qu'à instrumenter, — il instrumenta.

Arsène courut chez le fondateur de *la Loge de Face.*

On lui répondit qu'il était à la campagne et qu'on ne savait quand il reviendrait.

Bâchu, furieux de voir se renouveler d'une façon presque identique, mais avec des circonstances aggravantes, les procédés du rédacteur du *Papillon Bleu,* écrivit une lettre foudroyante dans laquelle il menaçait *de la police correctionnelle* le journaliste peu délicat.

Pas de réponse, mais le jour suivant une large enveloppe fut remise entre les mains d'Arsène par un commissionnaire.

Cette enveloppe contenait le numéro de *La loge de Face,* paru le matin même.

En guise de premier-Paris et sous cette rubrique :

TRIPOTAGES COMICO-DRAMATIQUES,

Un article d'environ une colonne et demie, (soigneusement encadré à la plume et à l'encre rouge) occupait la tête de la feuille.

Arsène se sentit pris d'un battement de cœur et lut rapidement ce qui suit :

« On vient de nous raconter, — sous le scéau du secret, — l'anecdote la plus cocasse et la plus ébouriffante qu'il soit possible d'imaginer.

« Il y a de cela quelques quinze jours, nous rendions compte dans ce même journal de la première représentation d'un vaudeville joué, non sans succès, sur l'un des petits théâtres de Paris.

« Nous avions comme tout le monde attribué la paternité de ce vaudeville à monsieur A*** B*** le seul auteur nommé.

« Eh bien pas du tout et nous avons la satisfaction d'annoncer à nos lecteurs, que le triomphateur prétendu, — l'aimable jeune homme qu'on a pu voir en gants paille et en lorgnon, se carrer dans une avant-scène, et s'envoyer des bravos flatteurs, le soir de la première représentation, — est aussi complétement étranger à la pièce en question qu'à tout autre ouvrage spirituel.

« Nous avons été tout simplement dupes, avec le reste du public, d'un brocantage aussi immoral que ridicule.

« Monsieur A... B..., exploitant la misère de l'un de ses anciens camarades le vaudevilliste G***, n'a pas rougi d'acheter, pour un morceau de pain, une œuvre consciencieusement élaborée, et de laquelle dépendait peut-être l'avenir tout entier du véritable auteur.

« Et c'est après un aussi ignoble tripotage que monsieur A... B... ose se gonfler et tendre le nez aux parfums de l'encens, sans se douter que les coups d'encensoir lui arrivent en plein visage.

« Il appartient à nous qui sommes les défenseurs véritables et désintéressés de la littérature, — il appartient à nous de signaler et de dévoiler des actes pareils.

« Nous nous sommes juré de saper dans sa base cette infâme exploitation du pauvre par le riche, du faible par le fort, *tristes débris des institutions féodales!!*

« Nous ne manquerons pas à cette noble tâche.

« Nous attendons de plus amples renseignements qui doivent nous être donnés sous peu.

« S'ils confirment les faits que nous énonçons aujourd'hui, nous nommerons les masques dans notre prochain numéro, et nous jeterons le sarcasme et la honte au visage de qui de droit. »

« *P. S.* On ajoute quelques détails fort piquants relativement à une jeune et jolie actrice, mademoiselle P*** que nous avons vue débuter dans la pièce en question, et à laquelle s'intéressait vivement *alors* le ridicule brocanto-littérateur.

« Nous joindrons ces détails, — s'il y a lieu, — à notre prochaine causerie.

Le journal s'échappa des mains d'Arsène abasourdi.

Quelque bête et ridicule que fut l'article dans sa forme, une vérité terrible se cachait sous ces lignes ampoulées et mal bâties et chaque mot portait coup.

Arsène n'avait qu'un parti à prendre.

Il le prit.

Une heure après il était chez Philidor Exécutif, auquel il payait le principal et les frais du billet protesté.

Le numéro suivant de la *Loge de Face* contint une sorte de rétractation, et le journaliste imprima que sa *religion* avait été surprise et qu'on avait abusé de sa *bonne foi!*....

Arsène se jura de renoncer pour toujours à la littérature.

Nous croyons qu'il s'est tenu parole.

## CHAPITRE XXIX.

### Débâcle.

Nul souci, nulle inquiétude, nul *remords* ne venaient désormais troubler les amours peu platoniques de l'artiste et de la jeune fille.

Fra-Diavolo se gonflait d'orgueil en songeant qu'il était l'unique possesseur de la plus jolie femme de Paris.

Pivoine se sentait à l'aise depuis le complet abandon d'Arsène.

Les premiers jours furent énivrants.

Le peintre, désertant son atelier, ne quittait point le logis de Pivoine et tous deux se laissaient entraîner au courant de leurs désirs satisfaits et de leur bonheur sans mélange, ne songeant à l'avenir que pour le parer des plus riantes couleurs.

Fra-Diavolo *croyait* aux *appointements* de Pivoine.

Pivoine, entendant son amant parler sans cesse de son talent hors ligne, se persuadait qu'il n'avait qu'à reprendre ses pinceaux pour métamorphoser en or, et les toiles de ses châssis, et les couleurs de sa palette.

Une tranquillité profonde et une confiance

sans bornes, tels étaient les résultats de cette double et mutuelle illusion.

La garde-robe de Pivoine se trouvait d'ailleurs assez bien montée, et, quand commencèrent les embarras d'argent, on rencontra toutes sortes de facilités de la part des fournisseurs, tels que boulangers, bouchers, etc., etc., lesquels, accoutumés à un payement prompt et régulier, ne se montrèrent point récalcitrants à la première demande de crédit.

Ceci fut court.

Les mémoires s'enflaient rapidement. — L'épicier présenta le sien et fut renvoyé.

Cet industriel connaissait Arsène, de nom et de vue, — il s'adressa à lui.

On devine que le jeune Bâchu, non-seulement refusa de solder la facture malencontreuse, mais encore déblatéra fort amèrement contre la jeune fille et prévint le marchand de denrées coloniales, qu'il risquait fort de n'être point payé.

L'épicier revint tout en émoi, — sonna dans le quartier le tocsin d'alarme, — puis monta chez Pivoine à laquelle il fit une scène identiquement semblable à toutes celles qu'exécutent chez les lorettes inexactes les fournisseurs mécontents, — scène qui peut d'ailleurs se sténographier ainsi qu'il suit, — sans variantes :

— Madame, je viens pour la petite note.

— Ah! ah!... très-bien, — voulez-vous repasser dans huit jours.

— Non madame.

— Pourquoi donc?

— Parce que j'ai besoin d'argent aujourd'hui, et qu'il m'en faut.

— Je n'en ai pas.

— Je vous répète que j'en ai besoin.

— Je vous répète que je n'en ai pas.

— Trouvez-en.

— Où?

— Ça ne me regarde pas.

— Mais monsieur.....

— Il n'y a pas de : *mais monsieur!* vous me devez, payez-moi.

— Comment??

— Je n'en sais rien. — Seulement je ne sortirai pas d'ici avant d'être payé.

— Pourtant monsieur...

— Il n'y a pas de : *pourtant monsieur*! vous me devez, payez-moi, — en attendant je m'installe.

Et tout en parlant, le créancier remet son chapeau sur sa tête et s'assied.

La lorette se mord les lèvres et dit :

— Je vous supplie monsieur de me donner quelques jours.

— Pas seulement une heure, j'ai besoin de mon argent tout de suite.

— Alors monsieur, arrangez-vous comme vous voudrez, je ne peux pas vous payer maintenant, et je ne vous payerai pas !

Ici le créancier se lève, entre en fureur, et s'écrie :

—Ah! c'est comme ça, coquine, — ah! c'est comme ça, voleuse? — vous n'étiez pas si fière, le jour où vous êtes venue m'excroquer ma marchandise à crédit! — Si ça n'est pas une horreur de voir des malheureuses comme ça, que ça vit dans des beaux meubles comme des duchesses, que ça se met des robes de soie, sur le... *dos* et que ça ne paye pas les honnêtes gens!!!

Le créancier s'échauffe de plus en plus et reprend avec une fureur croissante :

— Ah! gredine! ah! gourgandine! — mais ça ne se passera pas comme ça! — Je te dis que tu vas me payer, ou que je casse tout dans ton *bâzar* et que je vas chercher la garde!!!

Voilà où en était le dialogue entre l'épicier et Pivoine lorsque survint Fra-Diavolo.

Le marchand écumait.

Pivoine, qui n'était pas encore *bronzée* par la fréquence de pareilles avanies, Pivoine tremblait de tous ses membres.

L'artiste s'informa du sujet de la discussion — il fut mis au fait en peu de mots et prit naturellement le parti de sa maîtresse.

— L'épicier, qui s'était radouci à l'aspect du jeune homme, redevint alors insolent.

Fra-Diavolo le poussa par les épaules, le jeta dehors et le bouscula dans l'escalier.

Ainsi malmené le créancier remplit la maison de ses clameurs et de ses jurements.

A chaque étage les portes s'ouvrirent et des têtes curieuses apparurent sur tous les *carrés*.

— Ce fut un scandale inouï.

Pivoine, à demi morte de honte et de chagrin, courut se réfugier au fond de sa chambre à coucher.

Fra-Diavolo, lui, trouvait ce qui venait de se passer la chose du monde la plus simple !

Tant est grande la force de l'habitude !!

Au bout d'une heure arriva le boucher.

Puis le boulanger.

Ensuite ce fut le tour de la fruitière à laquelle succéda le charbonnier, etc... etc...

Chaque coup de sonnette faisait trembler Pivoine, car il lui annonçait une nouvelle invasion et une nouvelle avanie.

La jeune fille s'étonnait que Fra-Diavolo ne lui offrît point de venir *pécuniairement* à son aide.

Mais, en présence de son silence obstiné, elle aimait mieux tout subir que de lui adresser une demande d'argent.

La semaine suivante, en se rendant au théâtre, Pivoine fut appelée dans le cabinet de l'administration, et là elle apprit du directeur que HUIT *oppositions* venaient d'être formées sur ses modestes appointements à la requête de ses créanciers!!!

Quinze jours se passèrent encore, — l'époque du terme arriva, Pivoine ne put pas payer.
— Le propriétaire, mis en garde par une officieuse communication d'Arsène, se montra sans pitié, et, après le temps strictement nécessaire pour accomplir les formalités légales, la jeune fille fut expulsée de son appartement et vit ses meubles vendus à la criée, ainsi que la presque totalité de ses vêtements.

C'est alors qu'elle alla, tout en larmes, s'installer chez Fra-Diavolo.

Plus d'une fois déjà Pivoine avait témoigné à l'artiste le désir de connaître son atelier, mais toujours il avait inventé des prétextes pour éluder ou pour reculer cette visite.

Nous ne saurions rendre l'impression douloureuse produite sur Pivoine par la nudité et le délabrement du logis de Fra-Diavolo.

Elle s'épouvanta de sa destinée, car elle comprit qu'en s'enchaînant au peintre elle venait d'épouser la misère, — la misère triste et sordide.

Cependant elle s'efforça de chasser ces réflexions funestes.

Elle se dit qu'elle aimait son amant. —

Qu'elle l'aimait d'un amour profond et qui serait éternel.

Elle commenta dans son esprit et retourna sous toutes ses faces cet absurbe lieu commun que chacun de nous a soupiré au moins une fois dans sa vie et qui se formule ainsi : *une chaumière et son cœur!!!*

Enfin elle se répéta, — et jusqu'à satiété, — ce vers si doux de Béranger :

Dans un grenier qu'on est bien à vingt ans!

Mais elle le chantait du bout des lèvres et non point du fond du cœur.

L'arrivée de Pivoine dans l'atelier avait d'ailleurs complétement bouleversé l'existence de Fra-Diavolo.

D'abord il lui avait fallu congédier son joyeux et docile rapin, le pauvre Olibrius, qu'il ne pouvait plus nourrir, — même de pain et de fromage d'Italie.

Ensuite, au grand chagrin de ses douces habitudes de paresse et de nonchalance, il s'était vu forcé de se mettre au travail, et, faute de mieux, d'entreprendre une série de devants de cheminées, dont un négociant de la rue Saint-Martin avait bien voulu lui confier l'entreprise.

Les modiques sommes fruits de ce labeur ingrat, jointes à ce qui subsistait des appointements de Pivoine, déduction faite de l'argent dévoré par les oppositions, suffirent tant bien que mal d'abord à la vie et à l'entretien des deux jeunes gens.

Mais hélas, un matin Pivoine reçut une lettre du directeur de Bobino.

Cette lettre lui annonçait que le succès de

*Madelinette* étant épuisé, elle eût à se pourvoir ailleurs.

Et, si l'on s'étonne que le théâtre consentît à se priver ainsi de sa plus jolie pensionnaire, nous répondrons qu'Arsène avait passé par là, et qu'il avait fait du non-engagement de la jeune fille, la condition *sine qua non* d'un emprunt de quelques milliers de francs, pour lequel son ami le directeur lui demandait sa garantie.

Il fallait cependant, — sous peine de mourir de faim, — trouver un moyen quelconque de se caser quelque part.

Hélas ! hélas ! et trois et quatre fois hélas ! Pivoine fut heureuse d'être admise comme figurante au théâtre du Vaudeville, avec des appointements de *un franc vingt-cinq centimes* par répétitions et de *un franc* par représentation.

Mais là une nouvelle série de tribulations et de chagrins l'attendaient.

D'abord, après les rêves si brillants de fortune et de gloire dramatique qu'elle avait faits jadis, n'était-il pas affreux de se voir reléguer au dernier rang, avec cent fois plus de talent et de beauté qu'il n'en fallait pour briller au premier ?

Ensuite, et c'était triste, ne fallait-il pas chaque soir endosser ces costumes de pacotille, accumulés dans le vestiaire du théâtre à l'usage de toutes les générations de figurantes, vêtements d'emprunt qui déguisaient et alourdissaient de la façon la plus déplorable ses formes si pures et si charmantes ?

Enfin, et pour couronner ces petites tortures, Fra-Diavolo ne s'était-il point avisé de devenir horriblement jaloux?

Partout il suivait Pivoine.

Sans cesse il l'épiait.

Chaque jour et chaque soir il faisait le guet à la porte du théâtre, et, si le malheur voulait que la pauvre fille sortît accompagnée d'un homme, *figurant* comme elle ou musicien de l'orchestre, ou bien si le hasard la mettait en retard de quelques minutes, Fra-Diavolo l'accablait de reproches aussi injustes que violents, lui prodiguait les épithètes les plus grossières et les plus insultantes, et parfois allait jusqu'à la menacer du geste.

Et pourtant, malgré tout cela, — peut-être à cause de tout cela, — Pivoine que nous avons vue indifférente pour Virgile, — indifférente pour Arsène, — Pivoine aimait Fra-Diavolo.

Oh! femme! femme! — énigme vivante, — qui donc pourra déchiffrer, qui donc pourra mettre au grand jour les bizarres mystères de ton cœur?

## CHAPITRE XXXII.

**Le tableau.**

Quelques mois s'écoulèrent ainsi. — L'hiver était venu, l'époque de l'exposition approchait.

Chaque année Fra-Diavolo envoyait au jury une demi-douzaine de toiles que ces messieurs de l'Institut avaient le mauvais goût de toujours refuser.

L'artiste méconnu se livrait à une foule de tirades, grosses d'imprécations et d'anathèmes, — il traitait le jury de *Welche*, *d'Ostrogoth* de *Bourgeois* enfin, et...

Et au mois de mars suivant il tentait de nouveau la fortune, avec un résultat exactement semblable.

Hâtons-nous d'ailleurs d'ajouter que les ouvrages écartés si obstinément par suite d'une sorte de parti pris, valaient beaucoup mieux, sans contredit, qu'une foule d'autres plus heureux. —

Cette année-là Fra-Diavolo résolut de se surpasser lui-même.

Depuis longtemps il rêvait un tableau qu'il avait essayé plusieurs fois, mais sans succès.

C'était *Ariane abandonnée*.

Le jeune peintre manquait d'imagination et la vulgarité de formes des *poseuses* qui lui servaient de modèles, (— vulgarité qu'il ne savait ni *idéaliser* ni poétiser,) — avait toujours été pour lui un insurmontable écueil.

Enfin l'obstacle disparut.

A force de prières il obtint de Pivoine qu'elle *poserait* pour *l'Ariane*.

La jeune fille résista longtemps. —

Il lui semblait qu'abandonner aux regards profanes du public la reproduction exacte et presque vivante de son beau corps tout entier était une prostitution véritable.

A notre sens elle avait raison.

Cependant Fra-Diavolo supplia tant, qu'elle finit par céder.

Voici ce que fut le tableau.

Au premier plan, et se soutenant aux mousses d'une roche dont la marée montante venait lécher la base, *Ariane* complétement nue fixait son regard avide et désolé sur une voile blanche qui se perdait à l'horizon.

La main gauche de la jeune femme s'appuyait au-dessous de sa gorge de marbre et semblait comprimer les battements impétueux de son cœur.

Ses longs cheveux noirs dénoués faisaient

ressortir d'une façon merveilleuse la blancheur rosée de son corps, et sur ces fonds obscurs se détachaient en relief les profils si corrects de ses formes sveltes et élégantes.

Une expression de douleur amère se mêlait à des souvenirs de volupté dans l'expression de son doux et noble visage.

Les lèvres s'entr'ouvraient pour un cri d'angoisse et d'amour.

C'était bien Ariane, — Ariane trouvant au réveil l'angoisse et l'abandon, après une longue nuit de baisers et de tendres ivresses.

Lorsqu'il ne s'agissait que de copier, Fra-Diavolo, nous le savons, avait un talent remarquable.

Cette fois son modèle était digne du ciseau

de Phidias ou des pinceaux de Praxitèle.

Aussi le tableau fut un chef-d'œuvre.

Le jury, bien inspiré, l'accueillit avec une unanimité touchante; — dès l'ouverture du salon il attira la foule, — la critique consacra par ses ovations le grand succès du jour, et Paris, pendant une semaine, retentit du nom de Fra-Diavolo.

Parmi les plus fervents enthousiastes de *l'Ariane* nous devons citer un gentilhomme jeune encore, — immensément riche, — et protecteur des beaux-arts, un peu par goût et beaucoup par *genre*.

Ce gentilhomme s'appelait le comte Réné.

Il appartenait à cette race féconde des *Mécènes*, gens de loisir, d'intelligence —

et de *calcul*, — qui frayent volontiers avec les artistes, patronnent les talents naissants, achètent les ouvrages des jeunes peintres encore peu connus, et se créent ainsi, à peu de frais, de fort belles galeries, tout en se faisant une réputation de libéralité et de goût.

Le comte Réné avait trente-deux ou trente-trois ans.

Au physique il était ce que l'on est convenu d'appeler *un très-bel homme*, c'est-à-dire que sa taille dépassait cinq pieds six pouces, qu'il ne péchait ni par trop de ventre ni par de trop larges épaules, que ses traits réguliers s'encadraient dans les massifs d'une barbe brune bien plantée et admirablement soignée.

Ses dents étaient belles, — son pied et sa

main étaient fort aristocratiques, et l'élégance sévère et recherchée de sa toilette donnait un véritable charme à l'ensemble que nous venons de décrire.

Au moral, le comte Réné était fort infatué de sa personne et de son mérite, — singulièrement vain, et désireux de collectionner de beaux tableaux ou d'acquérir des chevaux de race et de jolies maîtresses, au moins autant pour *la montre,* (qu'on nous passe cette expression significative) que pour sa satisfaction personnelle.

En lisant le nom inconnu de *Fra-Diavolo* tracé en lettres d'un vermillon éclatant sur la roche de *l'Ariane,* en regardant surtout la bordure fanée et plus que modeste qui servait de cadre à la précieuse toile, le comte Réné devina la misère de l'artiste, et préjugeant qu'une magnifique occasion s'offrait à lui, il se rendit chez le peintre dont le livret lui révéla l'adresse.

Fra-Diavolo, seul dans son atelier sans feu, réchauffait ses mains en se *brassant*, et ses pieds en *battant la semelle*, à la manière des cochers de fiacre.

Il fut interrompu dans ce double travail par l'arrivée de sa portière, laquelle, tout essoufflée d'avoir gravi les six étages, se laissa tomber sur une chaise sans pouvoir prononcer d'autres paroles que celles-ci :

— Ah!... môsieu... Fra... Diavolo...

— Qu'y a-t-il, mam' Potard? qu'y a-t-il? — *nom d'un petit bonhomme!* vous me semblez bien *émotionnée?*

— Il y a, — dit la portière en essayant de reprendre haleine, — il y a... qu'il y a...

— Quoi?

— Il y a... qu'il y a... en bas... un môsieu... avec deux chevaux gris... comme mon chat... dans une voiture... et un petit domestique... galonné...

— Avec les chevaux, dans la voiture! c'es fort!

— Eh non! les chevaux sont devant, — le domestique derrière, — le môsieu dedans....

— Ça se comprend mieux !... — Mais venons au fait, mam'Potard, vous m'agacez!

— Toujours est-il que ce môsieu demande

si vous y êtes... y dit que c'est pour une peinture.

— Bah !

— Oui, môsieu Fra-Diavolo. — Faut y y dire qu'y monte ?

— Par Rubens ! Je le crois bien... volez-y, mam'Potard, et si ce monsieur m'apporte des *monacos*, je vous ferai *à l'œil* (\*) le portrait de *Moumoute*.

*Moumoute* était le chat de madame Potard.

Enthousiasmée par cette promesse, la vieille portière descendit l'escalier de toute la vitesse de ses jambes flageolantes.

(\*) *A l'œil*, — gratuitement.

Trois minutes après, le comte Réné entrait dans l'atelier.

— Monsieur, — dit-il en saluant l'artiste avec une grâce parfaite — je pense que j'ai le plaisir de parler à l'auteur du beau tableau de l'*Ariane abandonnée*...?

— En effet, monsieur, c'est moi qui...

— Permettez-moi de vous complimenter, — et je dirai plus, — ajouta le comte avec un geste plein de bonhomie, — permettez-moi de vous serrer la main, — je m'estime heureux de faire votre connaissance, — vous avez un grand talent !

— Vous êtes trop bon, — murmura Fra-Diavolo, qui se dit tout bas : — pourvu qu'il achète !!

— Monsieur, — poursuivit Réné, — je m'honore d'être l'ami des arts et des artistes et je viens vous demander si votre tableau est à vendre?

— Oui, monsieur.

— Je désire en faire l'acquisition.

— Enfin! — pensa l'artiste dont un éclair joyeux vint illuminer le visage.

— Quel est votre prix?

— Mais... à vous parler franchement, je n'ai pas bien réfléchi...

— Voulez-vous que je vous offre le mien?

— Vous me ferez plaisir.

— Il est modeste, mais plus tard nous augmenterons, car je compte vous demander une série de tableaux...

— Je serai toujours à vos ordres.....

— Cinq cents francs vous paraissent-ils acceptables?

Fra-Diavolo crut avoir un éblouissement, tant cette offre lui sembla splendide.

Ce prix était pourtant modique. — Mais le pauvre peintre sortait des devants de cheminée à six francs la pièce!!

— J'accepte, — répondit-il avec empressement.

— Alors les voilà, — dit le comte en lui

présentant un billet de banque, — voici de plus mon nom et mon adresse, vous m'obligerez en faisant porter ce tableau chez moi sitôt après la fermeture du Musée.

— C'est convenu.

— Vous convient-il de me faire un *pendant* au même prix ?

— Parfaitement.

— Je vois avec plaisir que nous nous entendons. — Eh bien, mon cher artiste, maintenant qu'*Ariane* m'appartient, dites-moi je vous prie comment vous avez pu rêver un type de femme aussi admirable ?

— Mais, monsieur, ce n'est point un rêve, c'est une réalité.

— Allons donc!

— Sans doute.

— Vous avez eu un modèle?

— Oui, monsieur.

— Et vous l'avez copié?...

— Exactement.

— C'est impossible!

— C'est cependant la vérité pure.

— Une beauté aussi parfaite, aussi correcte, n'est pas dans la nature!

— Je vous affirme le contraire.

— Pour me faire croire qu'une semblable femme existe, il faudrait me la montrer.

— Voyez-la donc, car la voici !

En effet Pivoine, arrivant de la répétition du Vaudeville, apparaissait à la porte de l'atelier.

Le comte Réné se tourna vers elle, la salua respectueusement et s'écria :

— Ah ! madame ! monsieur me parlait de votre beauté splendide et j'étais incrédule ! maintenant je suis forcé de convenir que vous dépassez encore cette *Ariane* dont je doutais que le modèle pût exister !

Ces paroles furent accompagnées d'un regard si brûlant, que Fra-Diavolo qui le surprit au passage sentit s'enfoncer dans son cœur les morsures de feu du serpent de la jalousie.

Toute la joie qu'il éprouvait l'instant d'auparavant de la vente inespérée de son tableau, se dissipa soudain comme la fumée d'un feu de paille.

Le sourire, bien naturel cependant, par lequel Pivoine répondit au compliment du comte Réné, le plongea dans un accès de rage intérieure que nous ne saurions point décrire.

Sans doute quelque chose des sentiments qui l'agitaient vint se refléter sur sa figure et fut aperçu du comte, car, après deux ou trois paroles insignifiantes, ce dernier prit son chapeau et sortit.

L'artiste, resté seul avec sa maîtresse, lui fit une querelle sans motif, et les beaux yeux de la jeune fille se rougirent jusqu'au soir de larmes imméritées.

## CHAPITRE XXXIV.

**Le comte Réné.**

Le comte Réné, en quittant l'atelier et avant de remonter dans sa voiture, entra dans la loge de madame Potard.

Deux pièces de cent sous mises dans la main de la digne portière triomphèrent de sa discrétion habituelle et le comte fut mis au fait de tout ce qu'il désirait savoir relativement à Pivoine et à Fra-Diavolo.

Le lendemain madame Potard remettait mystérieusement à la jeune fille une lettre qu'on venait d'apporter pour elle.

Voici cette lettre :

« Mademoiselle,

« J'eus hier l'honneur de vous voir pour la première fois, et vous avez fait sur moi une impression si vive que je ne puis résister au désir de vous exprimer les sentiments que vous m'inspirez.

« JE VOUS AIME!..

« Ces trois mots disent tout.

« Maintenant je me hâte d'en arriver à la position que je voudrais vous faire et que je mettrais tout mon bonheur et tout mon orgueil à vous voir accepter.

« Je sais combien est triste votre existence actuelle.

« Je sais combien est peu digne de vous l'homme avec lequel vous vivez.

« A votre beauté merveilleuse, il faut, mademoiselle, un merveilleux entourage.

« A votre front il faut un diadème, — il faut des perles à vos cheveux si noirs, — il faut des diamants à votre cou si blanc, — il faut du velours à vos épaules de reine.

« Ce qu'il vous faut encore, mademoiselle, c'est une élégante voiture et des chevaux rapides.

« C'est une maison à vous, — une livrée, — le luxe, — les plaisirs, — le bonheur...

« Tout cela je vous l'offre...

« Je vous l'offre avec le cœur et la personne,

« De celui qui se dit le plus passionné de vos esclaves.

« Le comte RÉNÉ. »

19, rue de la Chaussée-d'Antin.

R. S. V. P.

Pivoine lut cette lettre.

Elle la relut deux fois, puis elle fit un trait héroïque.

Elle remonta auprès de Fra-Diavolo et lui présenta l'épître du comte, — tout ouverte, et sans prononcer une parole.

Mais l'artiste n'était point capable de sentir et d'apprécier toute la grandeur du procédé de la jeune fille.

Il se mit en fureur et il accusa la triste Pivoine de s'être attiré par ses coquetteries cet insolent billet.

Pivoine baissa la tête et ne répondit point.

Trois jours se passèrent.

Fra-Diavolo, plus que jamais dévoré de jalousie, espionnait sa maîtresse et la suivait partout, mais furtivement et en se cachant.

Le matin du quatrième jour, Pivoine avait à faire quelques emplettes de ménage, du côté de l'Odéon.

Elle sortit.

Fra-Diavolo se glissa sur ses traces.

La jeune fille entra dans le jardin du Luxembourg par la grille de la rue Fleurus.

L'artiste la suivit en se coulant derrière les arbres.

Elle n'avait pas fait cent pas qu'elle fut abordée par un homme.

Fra-Diavolo reconnut le comte, il bondit de colère et fut au moment de s'élancer sur lui, pourtant il se contint et demeura caché.

— Mademoiselle, — murmura Réné en abordant la jeune fille, le chapeau à la main, — n'avez-vous donc pas reçu ma lettre?

— Je l'ai reçue, monsieur! — répondit froidement Pivoine.

— Et vous l'avez lue ?

— Je l'ai lue.

— Eh bien...?

— Eh bien quoi, monsieur ?

— Que puis-je espérer ?

— Rien.

— Rien, mademoiselle ? et pourquoi, mon Dieu ?

— J'ai un amant, monsieur, et je l'aime !

— Ainsi votre décision est irrévocable ??

— Oui, monsieur.

— Cependant, mademoiselle...

— Je vous prie, monsieur, de vouloir bien me quitter, — interrompit la jeune fille.

Il y avait dans son accent une si irrésistible fermeté que le comte s'éloigna tout aussitôt, et se contenta de la suivre à une distance de quelques pas.

Fra-Diavolo avait tout vu, mais sans pouvoir entendre les paroles échangées.

Il rentra dans son atelier quelques minutes avant le retour de Pivoine.

Cette dernière fut frappée de la pâleur de ses traits et de l'expression sinistre de son regard.

— Est-ce que tu souffres, mon ami? — lui demanda-t-elle avec inquiétude..

— D'où viens-tu ? — dit Fra-Diavolo d'un ton farouche.

— Mais... tu le sais.. je viens de la rue Voltaire...

— Qui as-tu rencontré ?

Pivoine hésita.

Mais elle songea tout aussitôt aux folles jalousies de son amant, et, pour éviter une scène violente, elle eut recours à un innocent mensonge.

— Personne, — répondit-elle.

— Misérable ! — s'écria Fra-Diavolo dont les yeux s'injectaient de sang.

— Misérable — répéta-t-il, — c'est donc

fini! tu ne me tromperas plus! — je sais tout! je sais tout!!!

Et, saisissant une canne de jonc dans un angle de l'atelier il s'avança sur Pivoine en brandissant cette arme.

— Grâce! — murmura la jeune fille au comble de l'épouvante, — grâce! grâce! — je t'aime! pardonne-moi! pardonne-moi!

— Tu me demandes pardon! tu es donc coupable! — tiens, malheureuse! — tiens! — tiens! — tiens!

Et Fra-Diavolo frappa de toute la violence de sa colère la jeune fille agenouillée — et comme à chaque coup la rage achevait de l'aveugler, il frappa jusqu'au moment où la canne brisée s'échappa de ses mains, tandis que Pivoine évanouie roulait sur le carreau.

Alors se dissipa le nuage, sanglant qui voilait son regard, — il comprit combien était infâme l'action qu'il venait de commettre.

Il se jeta à genoux à côté du corps de Pivoine, — il couvrit de larmes et de baisers ses mains et son visage, — il lui demanda, à son tour, grâce et pardon.

La jeune fille reprit connaissance et se releva.

Elle était pâle, mais elle était calme.

Elle ne répondit pas un mot aux sanglots et aux prières de Fra-Diavolo qui se traînait à ses pieds.

Elle mit son chapeau, s'enveloppa dans un châle et se dégagea doucement de l'étreinte par laquelle le jeune homme cherchait à l'enlacer.

Elle sortit de l'atelier, puis de la maison, puis de la rue.

L'artiste la suivait toujours.

Un cabriolet de régie vint à passer.

Elle y monta en disant au cocher d'une voix sourde, pareille à celle des somnambules : — Rue de la Chaussée-d'Antin, 19, — à l'hôtel du comte Réné.

Fra-Diavolo entendit ces mots et fouilla dans ses vêtements pour y chercher une arme.

Il n'en trouva pas.

Alors il se frappa le front d'un geste désespéré et prit sa course du côté des quais. — Il allait à la Seine et songeait à se tuer.

Ici finit la première partie des aventures galantes de Pivoine, ceux de nos lecteurs qui ont bien voulu s'intéresser à la pauvre petite Normande la retrouveront, ainsi que le comte Réné et Fra-Diavolo, dans la deuxième étude de la série des *Pécheresses*, étude que nous publierons prochainement sous ce titre :

MIGNONNE, OU LA VIE DORÉE.

Donc, ami lecteur, merci et à bientôt!!

FIN.

# TABLE.

Pages.

TROISIÈME PARTIE. — LA VIE D'ARTISTE (*suite*).

| | | |
|---|---|---|
| Chap. XVIII. | Arsène Bâchu (*suite*)............... | 3 |
| Chap. XIX. | Une vocation malheureuse.......... | 21 |
| Chap. XX. | Une débâcle..................... | 37 |
| Chap. XXI. | Stratégie amoureuse............... | 57 |
| Chap. XXII. | Un conseil d'amant................ | 79 |
| Chap. XXIII. | Un fragment de la physiologie de l'amour. — Axiomes, aphorismes citations et divagations.......... | 95 |
| Chap. XXIV. | Une déclaration excentrique........ | 109 |
| Chap. XXV. | Dans les coulisses................. | 127 |
| Chap. XXVI. | Profils de journalistes ............. | 145 |
| Chap. XXVII. | Fra-Diavolo..................... | 171 |
| Chap. XXVIII. | Fra-Diavolo (*suite*) .............. | 185 |
| Chap. XXIX. | Une scène d'atelier................ | 199 |
| Chap. XXX. | Le flagrant délit .................. | 217 |
| Chap. XXXI. | Encore Arsène.................... | 233 |
| Chap. XXXII. | Débâcle......................... | 251 |
| Chap. XXXIII. | Le tableau...................... | 269 |
| Chap. XXXIV. | Le comte Réné................... | 289 |

## OUVRAGES DE XAVIER DE MONTÉPIN.

| | |
|---|---|
| Les Chevaliers du Lansquenet............ | 10 vol. |
| Les Viveurs d'autrefois.................... | 4 vol. |
| Pivoine.......................................... | 2 vol. |
| Les Amours d'un Fou....................... | 4 vol. |

SOUS PRESSE :

Les Confessions d'un Bohême.
Les Etudiants de Paris.
Les Oiseaux de nuit.
Le Roman de la vie.
Gabriel.
Cyrano de Bergerac.

## OUVRAGES D'ALEXANDRE DUMAS FILS.

| | |
|---|---|
| La Dame aux camélias..................... | 2 vol. |
| Aventures de quatre femmes............. | 6 vol. |
| Le docteur Servans......................... | 2 vol. |
| Le roman d'une femme.................... | 4 vol. |
| Césarine....................................... | 1 vol. |

SOUS PRESSE :

Diane de Lys.
Les amours véritables.

www.ingramcontent.com/pod-product-compliance
Lightning Source LLC
Chambersburg PA
CBHW071254160426
43196CB00009B/1287